お坊さんケアマネの実話

排泄も徘徊も大丈夫！

認知症を幸せにするケース45

日髙明

Hidaka Akira

興山舎

KOHZANSHA

発刊に寄せて

釈 徹宗

著者の日高明氏は、思想研究者であり、大学で哲学や社会福祉を教え、認知症高齢者グループホーム「むつみ庵」のケアマネジャーであり、浄土真宗本願寺派の僧侶として活動している。ついでにNPOそーねという団体の代表もしている。もしかしたら私が知らないだけで、もっといろんなことをやっているのかもしれない。日高氏とはしょっちゅう会っているのだが、あまり余計な話をしない人なのである。

複数の領域を横断している日高氏であるからこそ、あまり類書が無さそうな著作を上梓できたのであろう。本書の注目ポイントについては後ほど述べるとして、その前に「むつみ庵」について私からもお話させていただこう。本文と重複するところがあると思うが、ご容赦いただきたい。

グループホーム「むつみ庵」

むつみ庵は如来寺の御門徒である谷口家のお宅を使って成立した。発足当初から現在に至るまでむつみ庵のホーム長を務める、谷口静子氏の実家である。谷口氏の父母が暮らしておられたのだが、お二人とも往生されて空き家となった。そこで、私の母（如来寺前坊守）・釋昂子《しゃくたかこ》がこの家を使って高齢者施設にする案を、谷口静子氏にもちかけたようである。当時、母は「老い」について深く考えるようになっていた。また、以前から「いつか高齢者施設をお寺の近辺でつくりたい」と話していた。そんな経緯があって、むつみ庵の構想を持ち上がった。母と谷口氏が二人でいろいろ考えた結果、この家を使うのであれば〝グループホーム〟の形態が一番適しているという結論になったと聞いている。そして二人は当時副住職であった私に「運営法人をつくって、代表になってくれ」と言ってきた。私は福祉にも介護にもまったく知識がなかったので、かなりとまどったのだが、「了解」と即答した。

というのも、実はちょうど〝巻き込まれキャンペーン〟を始めたところであったから

如来寺が古民家を再生した認知症高齢者施設むつみ庵

だ。私は人間関係が得意ではない。けっこうシャイなのと、自分勝手な性格が主たる要因である。ある時、「うむ、このままじゃいかんな」と痛感したので、「来た依頼は断らずに引き受ける」というひとりキャンペーンを始めた。名づけて〝巻き込まれキャンペーン〟である。それを始めたばかりだったのだ。

母は私の性格をよく知っているので、「きっと断るだろうな……」みたいな感じで打診してきた。即座に引き受けたので、母はかなり意外だったのではないか。

かくして特定非営利活動法人リライフが立ち上がったのである。グループホームむつみ庵の運営母体だ。グループホームは「同じ苦労を抱えた者が集まって、少人数で共同生活をする」といった形態の施設である。まだ当時の日本ではそれほど知られていなかった。まして、民家をそのまま活用してのグループホームはかなりめずらしかった。

リライフが運営するむつみ庵の特徴は二つある。ひとつは、普通の民家で暮らしてもらう「古民家改修型」であることであり、ふたつ目はお寺と門信徒による地域コミュニティを基盤にしていることである。

一つ目の特徴については、本書でしばしば言及されている。「施設」感があまり無い。不自由だったり、不合理だったりする面も少なくないが、「暮らしている」感が強い。まさに本書で述べられているように、介護に最適化された家ではないが、それも含めて「家」（ケース34）、ということである。

二つ目の特徴だが、結果的にはお寺とグループホームとの組み合わせはとても相性が良かったと思う。特にウチのような田舎のお寺にとっては、これからのお寺のあり方としてひとつのモデルと成り得るのではないか。寺檀ネットワークはなかなかのポテンシャルをもっているし、社会貢献に関われるし、十数名の雇用も創出できる。

ウチのまわりは、ほとんどが如来寺の御門徒である。いわば「村」というカタチが続いている。地域に支えられる「家」、それがむつみ庵である。

この二つの特徴については、むつみ庵に足を踏み入れると、誰もが実感できることと思う。

僧侶・ケアマネ・研究者の目から見た認知症介護

本書は、仏教と福祉の思想史的考察、そして生ナマしい事例、現代の寺院や地域共同体への言及など、多面的なアプローチが魅力となっている。

日高氏は、いつも「あの人はいったいどんな世界を見ているのだろう」という視点を手放さない。そこから思考を始める。だから利用者やスタッフをよく見ている。本書に述べられている「認知症になったら楽、というわけではない」（ケース2）や「構造的な認識の暴力」（ケース3）といった論点は、実に日高氏らしい問題意識であると思う。コジマさんに関する描写などは、まさに本領発揮である。とにかく、日高氏には他者への威圧感がない。支配的介助とは無縁のタイプである。

むつみ庵にとって、そんな日高氏の視点は重要だ。他のスタッフの盲点が浮かび上がったりする。そういえば、かつてミーティングの中で、あるスタッフが何かの案件に異議を唱えた。どんな案件だったかは覚えてないのだが（覚えてないのか！）、そのスタッフは「そんなこと許したら、みんながどんどんわがままを言うようになる」と主張した。そうしたら日高氏が「わがまま言って、どうしていけないんですか」と発言した。その場にいた全員、虚を突かれた思いであった。そういうことを言う人なのである。

本書はほとんど、『月刊住職』の連載（一部『作業療法ジャーナル』）を書籍化したものなのだが、連載当時に原稿を読んで、「むつみ庵にこんな良いエピソードや知見があったのか。なぜ今まで言わないんだ」と腹が立った（笑）。ちょっとくらい教えてくれればいいのに。しかし、言わないのが日高氏なのである。そういう人柄である。

考えてみれば、もともと私が彼を社会福祉の世界に引っ張り込んだようなものだ。人手不足だったむつみ庵のお手伝いを頼んだのが、今に至っているのだ。その意味では申し訳ない気持ちもある。もしかしたら日高氏は認知症高齢者介護に関わっているのは不本意なのではないか、そんな懸念をもっていた。しかし、この本を読んで、彼のすごさを知った。タガミさんのところで書いている「私はこの人を知っています」（ケース13）は泣けた。

また、ワークショップの話（ケース14）があるが、あの取り組みは秀逸であった。日髙氏の発案である。もっと洗練されていけば、かなり有効なものになると思う。

そして、なんと言っても本書の特性である宗教性や仏教思想を通しての論考、サンガにおけるケアの仕組み（ケース31）では、人が人をケアするということの本質に迫っている。「儀礼のちから」（ケース36）など、宗教儀礼を通しての考察も随所に見られるが、これらは日髙氏ならではの論点である。

次第に「家」になっていく共同生活の場

人生百年時代だそうである。五木寛之氏によれば、現代は人生を三分割して構想するのがいいらしい。三十歳まで、六十歳まで、九十歳まで、この三つの期間をどう生きるのか、そしてそれぞれの期間への転換期があるとのことだ。ひと昔に比べれば、特徴的なのは老いの期間がすごく長期化した点だ。

長期化する老いを引き受けていくのは簡単ではない。まして認知症の人は、認知不全という不自由さを抱えての老いである。衣食住のあらゆる場面において、適応が困難になっていく。自分の感情をうまく表現できない。それでも最後まで「自分というもの」にしがみついて生き抜くのである。そんな人たちの共同生活の家がむつみ庵だ。むつみ庵は施設であり、事業所であるが、やはり「家」である。家の香りがする。二十数年かけて次第に「家」になってきた。むつみ庵には、人間の尊厳があり、暮らしがあり、生と死がある。これまでこの家で息を引き取ってきた人たちの生命の流れがある。本文でも触れられているが、これまでむつみ庵で十一名を看取らせていただいた。そのうち、何名かはむつみ庵でお通夜やお葬式を行った。そうやって、生と死の営みが織り上げられて、「家」になってきたのである。

認知症高齢者の共同生活は、人間学的に見ればとても興味深い。認知症の人が誰かと衝突したり折り合ったりしながら暮らすのだ。そして、その家を支え、循環させていくスタッフの姿勢と技術。

介護理論の中には、理想は在宅介護だとする意見もあるが、グループホームの方が望ましい場合もあると確信している。それは適度な数の人たちによる共同生活の場だからである。

むつみ庵の運営に関わることで、あらためて人間の喜びと苦しみについて学ぶことも多い。また、認知症の人の暮らしから仏教を学ぶこともある。

本書をお読みいただければ、日高氏がむつみ庵での現場を通して、次第に仏教の教えを血肉化していっているのがわかってもらえるだろう。いや、日高氏ほど仏教思想のリアリティを目の当たりにしている人はそんなに多くないのではないか。自戒も含めて、そう思うのである。

釈徹宗　一九六一（昭和三十六）年、大阪府生まれ。龍谷大学大学院博士課程、大阪府立大学大学院博士課程修了。宗教学者。相愛大学学長。池田市の浄土真宗本願寺派如来寺住職。同寺近隣の民家を認知症高齢者のグループホームに活用するなど地域活動にも尽力。二〇一七年『落語に花咲く仏教』で河合隼雄学芸賞など受賞。

排泄も徘徊も大丈夫！　お坊さんケアマネの実話

認知症を幸せにするケース45

目次

第2章　思い込みを捨てた向き合い方

第5章　認知症を持つ人が求める本当の幸せ　201

装丁 長谷川葉月

はじめに　仏壇もありお坊さんもいるグループホームです

大阪府池田市、阪急池田駅からバスで十分の停留所に降りると、眼の前にちいさな川が流れています。水の音、鳥の声、どこからか届く畑焼きのにおい。ようするに、田舎です。そこからまた十分ほど歩き、細い坂道を登りきったところに、昔ながらの古民家がゆったりとたたずんでいます。認知症対応型のグループホーム「むつみ庵」です。一見すると、高齢者施設には見えません。なにしろ築七十年以上になる木造家屋ですから。庭も、やたらに広いんです。

もともとここには、植木屋を営むご夫婦が住んでいました。庭が広大なのはそのためで、今でもさまざまな種類の植木が、丁寧に手入れをされて季節ごとに花や実をつけています。ご夫婦が亡くなったあと、空き家となった家屋をどうしようかということで、ご夫婦の娘が家のお手次ぎ寺であった如来寺（浄土真宗本願寺派）に活用方法を相談しました。二〇〇二年のことです。ちょうど日本に認知症対応型のグループホームが導入されて間もないころで、先見の明のあった先代の坊守が、小規模で地域に根ざした運営のできるグループホームを提案しました。

その後のことは、このグループホームの運営団体であるＮＰＯ法人リライフの代表理事である釈徹宗住職による先の「発刊に寄せて」をご覧ください。

立ち上げ時のことを、私は実際には知りません。住職に聞くと、建物以外は何もないという状態から、あらゆるところを駆け回って準備をしたそうです。届け出書類をいちから作成し、何度も役所に足を運んで折衝しました。スタッフも揃えなければいけません。お寺の檀家のおばちゃんたちに声をかけ人員を集めました。介護については素人ばかり。試行錯誤で今のかたちを整えていきました。いわば、地域とお寺の協働による手作りのグループホームなのです。

私はむつみ庵で介護スタッフとして勤めており、入居者さんのケアプランを作成するケアマネジャーも兼務しています。日常生活の介助をしつつ、入居者さんたちの様子を観察し、身体機能や認知機能の変化をアセスメントして、ケアプランを作成します。そこは、一般的なグループホームのケアマネと同じです。違うところがあるとすれば、私が僧侶であるということでしょう。

むつみ庵は、設立当初から仏教との縁の深い施設です。

ホームとお寺は、呼べば応える距離にあります。お寺のお供え物をお下がりでいただいて、入居者のみなさんのおやつにすることも多くあります。それだけでなく、月に一度はお寺からのお参りがあります。むつみ庵には、入居者の方々がふだん時間をすごすことの多い居間の隣に仏間があります。そこには、真宗式に荘厳された立派なお仏壇が安置されています。

入居者が施設の個室にお仏壇を持ち込むことはよくあるけれど、共有スペースにお仏壇を置いているグループホームというのは、あまり聞きません。むつみ庵のユニークな点のひとつです。役所からは、パブリックなスペースに特定の宗教施設を置くことは控えるよう言われているので、ふだんは御簾を下ろしています。

でも、月参りのときの入居者さんたちの様子を観察していると、お仏壇やお参りが、ここで暮らしている方々にとってよい影響を与えていることがわかります。このホームが、単に介護サービスを提供する施設ではなく、飾らない平生の暮らしを送るための「家」であるために、なくてはならないものだと感じるのです。身体を支える背骨のように、前面には出てこなくても、仏壇は場を支える軸になっているのだといえるでしょう。

そこで、これから、そんなむつみ庵でお坊さんケアマネとして働く私が見た認知症高齢者の方々の実際の暮らし、それにケアについての経験などを紹介したいと思います。

なお、以下にご登場いただく方々のお名前は仮名とし、またご紹介する内容については、ご本人およびご家族などのご了承をいただいております。

第1章

認知症とは実際にどんな症状なのか

記憶障害だけではないさまざまな異常

むつみ庵での生活は、日々のどかにすぎていきます。時季に応じた催しはもちろんありますが、日常生活のなかでは体調確認、体操、散歩、掃除、入浴、レクリエーションと、だいたい同じことが繰り返されます。悪く言えば、単調です。

スタッフが手を抜いている、というわけではありません。認知症高齢者は環境の変化に敏感でいつもどおりではない新奇なことに影響を受けやすいため、規則的なスケジュールで過ごすことが好ましいのです。また、毎日同じことを繰り返していると、入居者のささいな変化に気づきやすい、という利点もあります。これはとても大事なことです。原因疾患による差はありますが、認知症は確実に進行していきます。一カ月前にできていたことが、できなくなったりすることもあります。

認知症と一口にいっても、人によって現れる症状はさまざまです。そうした多様な症状を、医療・介護では大きくふたつに分けています。

中核症状と、周辺症状です。

まず、中核症状というのは、脳内の異常から直接的に現れる症状のことをいいます。

次に挙げるものが、認知症の代表的な中核症状です。

○記憶障害：数分前のことを忘れる。新しいことを覚えることが難しい。症状の進行にともなって、古い記憶も欠けていくことがある。

○見当識障害：時間、場所、人についての認識が失われていく。今の季節や時間帯が分からない、なじみの場所で迷う、身近な人を見分けられない、など。

図　認知症の主な症状

○判断力の低下：状況に応じた適切な判断が難しい。真冬に薄着をしてしまうなど。

○失認：感覚器官は正常なのに対象の認識がうまくいかない。視力は保たれているのに、物の色・形・位置関係が分からない、鏡に映った自分を認識できないなど。

○失行：運動機能は保たれているのに、目的にかなった行動ができない。ボタンをはめられない、スプーンが使えないなど。
○失語：言葉が出てこない。言葉の意味が分からない。
○実行機能障害：いくつかの手順を踏んで計画的に進める行為ができない。料理の段取りをつけられないなど。

認知症というと記憶障害のイメージが強いかもしれませんが、単なる物忘れだけではありません。生活を送る上で必要な、さまざまな情報処理が不調になってしまうのです。

こうした中核症状は、「医学的な治療の対象」になります。劇的な改善は見込まれないものの、薬やリハビリテーションによって、進行を遅らせることができます。といっても、この中核症状について介護スタッフができることは、そう多くはありません。

一方、周辺症状とは、中核症状を原因として起こってくる症状です。これには徘徊や異食、暴言、暴行など行動として現れるものがあり、また妄想や幻覚、不安や抑うつなど心理的反応として現れるものがあります。介護者が主に対応することになるのは、こうした周辺症状です。

それではケース1から、その具体的な様子を見ていきましょう。

ケース１

周囲に「問題行動」に見えても本人に必要性も必然性もあります

認知症と診断されていれば、なんらかの中核症状を持っているはずです。しかし、同じような種類・程度の中核症状を抱えていても、「社会生活に支障をきたす言動」は人によって違います。

あてどもなく歩き回る方もいれば、「財布を盗られた！」と妄想を訴える方もいます。また介護拒否や、さらには周囲への暴言・暴行にいたる場合もあるでしょう。

認知症のある方に接する時、対応に苦慮するのはこうした〝困った〟言動でしょう。かつては「問題行動」と呼ばれていました。そのまんまの呼び方ですよね。しかし、介護する側にとっては問題であっても、本人にとっては、そうした言動をとるだけの必要性なり必然性があるものなのです。

例を挙げれば、徘徊です。辞書的な意味では「理由なくうろうろと歩き回ること」とされます。ですが、認知症のある人たちが理由もなく歩き回るということはほとんどありません。読者のみなさんでも、「訳もなく歩き回ることがよくあります」という人は少ないでしょう。気ままにぶらぶらしているときだって、散歩をしているという自覚があるはずです。

認知症を持つ人も同じです。外から見れば意味もなく歩き回っているだけのように見えても、実はなんらかの理由があって歩いています。ただその理由を周囲が理解できないだけなのです。歩き回る理由はひとつとはかぎらず、たいていはいくつかの要因が絡み合っています。たとえば次のような具合です。

ふと気づくと、自分は食事をしている（記憶障害）。ここはどこだろう、見知らぬ場所、初めて見る顔……（場所・人についての見当識障害）。初対面なのに、なれなれしく話しかけてくる人もいる（スタッフの対応）。そういうの嫌だわ、居心地が悪い（本人の性格）。そういえば、子どもは？　もう帰ってきているんじゃないかしら。ご飯の支度をしなければ（本人の生活歴）。自分だけ食べてる場合じゃない。私も帰らなきゃ。……どこから？　出口はどこなの（判断力の低下）。どこ、どこ、どこ。

こうして不安と焦りといらだちのなか、歩き回ることになります。

介護者の目には、「食事中に突然席を立って徘徊をはじめた」と映るかもしれません。このケースでは、記憶障害や見当識障害、判断力の低下といった中核症状に、本人個人の性格やこれまでの生活歴、さらにスタッフの対応の仕方などの周囲の状況が加わり、歩き回るという行動につながっています。

徘徊だけではありません。ほかにも異食、不潔行為、多動、不安、焦燥、興奮、抑うつ、無気力・無感動（アパシー）、幻覚などなど。どれも社会生活に支障をきたす認知症の症状です。これらは、中核症状にさまざまな個人的・環境的な要因が絡み合って現れます。

こうした言動は、現在では中核症状に対して周辺症状と呼ばれています。また、行動・心理症状（ＢＰＳＤ：Behavioral and Psychological Symptoms of Dementia）とも呼ばれており、最近ではこちらの用語がよく使われます。中核症状＋性格・生活歴・環境・その他もろもろの要因＝行動・心理症状症状（BPSD）ということです。

行動・心理症状の現れ方には個人差があります。そのため、治療の対象である中核症状と異なり、周辺症状は「理解の対象」であるといわれます。これにどう対応するかが、介護スタッフの腕の見せどころです。

トイレットペーパーをせっせとタンスに詰め込むのはなぜか？

いつかタガミさん（女性・当時八十三歳）が、トイレットペーパー収集に凝りだしたことがありました。トイレに入るたびに、ペーパーを少しずつ取り、服のポケットに詰め込んでいました。自室に持ち帰ってはタンスの引き出しにせっせとしまい込み、一段だけ空いていた引き出しはすぐにペーパーでぎゅうぎゅうになりました。取るのを止めるようお願いすると、はいはいと快く聞いてはくれるのです。しかし収集は止まりません。収集するためだけにトイレに入ることさえ出てきました。

また取ってるぅ！　と現場を押さえると、「あら、あなたも欲しいの？　どうぞ」と悪びれることもなくペーパーを勧めてくるので、こちらも言葉が出ずに苦笑いです。そんな具合で一向に治まらないペーパー収集に、どうしようもないと思っていたころ、あるスタッフが言いました。

「あれって、私たちにとってのお金みたいなものなんじゃゃない？」

そうか、タンス預金か。私は膝を打ちました。タガミさんにとって、あれは趣味のコレクションではない。私たちにとってのお金と同じように、何かあったときのために備えておくことで安心できるものなのだ。そのことが理解できました。

取ったことを忘れてしまうという記憶障害はもちろんあるし、「紙は貴重」という世代的な価値観も入っているのでしょう。それに加えてタガミさんは、自分で好きにお金を使えないという不自由感や、周りになじめないという孤独感を感じていたのかもしれません。本人には、認知症の病識を持っているとうかがえるような発言はありませんでしたが、思い出せないことへの困惑や、できていたはずのことができなくなっているという喪失感も、当然抱えていただろうと思います。そうした心のマイナス部分の埋め合わせとして、トイレットペーパーの貯め込みは彼女にとってどうしても必要な行為だったのでしょう。

とすれば、取るべき対応は、本人が感じているかもしれない不自由や孤独、不安や喪失感を減らすことです。

ペーパーを取っていても指摘しない、本人の好む話題で楽しく会話をする、手を握るなどのスキンシップを増やす、仕事（役割）をお願いし、感謝を伝える。スタッフはタガミさんへの接し方をもう一度見直しました。

その後二カ月ほどで、ペーパー収集は自然と治まったのです。

常識からすると、タガミさんのペーパー収集はおかしな行為です。認知のエラーのせいで間違ったことをしている、と私たちは見ます。しかし、タガミさんの見ている世界のなかで、彼女は適切な行動をしているのです。

忘れ、失くし、独りきりになったとき、何か頼りになるものを手元に置いておきたいと思う。それは、当たり前のことでしょう。認知症のある人は、その時の認知機能によって捉えた世界のなかで、その人なりの仕方で、自分自身を生かしているのです。

ケース２

認知症になると嫌なことも全部忘れて楽になるわけではない

「認知症の人は嫌なことも全部忘れてしまって、楽でしょうね」と話す人がときどきいます。認知症患者のなかには、「こういうボケ方ができれば幸せかも」と思わせるような、笑顔の絶えない人がいることは確かです。しかし、認知症の本人は楽だというのは誤解です。近年では認知症とうつ病とが合併することが認められており、アルツハイマー病では二割から三割の患者に抑うつが現れるといいます。

むつみ庵に入居していた夕バタさん（女性・七十八歳）は、頻繁に痛みを訴えました。自室で尻もちをついた時に腰椎の圧迫骨折をしてしまったためです。

コルセットを巻いて数カ月を過ごした後、骨折部位は癒着し完治したとされ、歩行も以前と変わらないほどに回復していました。しかしタバタさんは、立ち上がりや起き上がりの時に顔をしかめて痛い、痛いと言いました。痛むところはおおむね背中でしたが、細かい箇所は毎回違います。

「痛い。こんなん初めてやで。なんでやろ。私なんも悪いことしてへんで？」

なんも悪いことしてへんのに。この不平の言葉は、何度も繰り返されました。私はなにもしていない。それなのに、どうしてこんなに目にあうのか？

骨折したからと説明しても、タバタさんの身には覚えのないことです。「そんなんしてへん」と否定します。本人にとっては、原因不明の不可解な痛みなのです。前触れもなく、気づいたら痛い。なぜなのか、分からない。非常に不快な状態だと思います。

訳の分からない、しかし問わずにいられない、そういう「なぜ」が湧いて出てくるでしょう。なぜ自分が？　なぜこんなに辛い思いをしなければならない？　タバタさんの「なんでやろ。私なんも悪いことしてへんで？」という恨み言のような問いにも、そういうやり場のない気持ちが混じっていました。

彼女の痛みが軽かったある時、聞いてみました。

「何かしんどいこととか不安なことはありますか」

タバタさんは即座に反応しました。

「そりゃあ、あるよ」

「どういったことですか」

「えー、あれやあれ、あるで、あー…」

そう言ったきりタバタさんは口を開けたまま絶句しました。

しばらくして、「あー……なんや？」

「しんどいこととか」

「あるよ。あんねん。あー……分からん」……沈黙。

素早く「あるよ」と返したタバタさんは、質問の意味を理解していました。しかし、その具体的な事実を思い出せないのか、あるいはイメージはあっても言葉がつかめないのか、話すことができません。

「なんか分からんけど、不安なことがあるの？」と聞くと、「何が分からんのか分からん」と苦しそうに笑いました。

シマダさん（女性・七十四歳）はむつみ庵の入居者さんたちの中では若い方で、足腰もしっかりしています。「病気はしたことがありません」というのが口癖で、むつみ庵にはお手伝いに来ていると思っているところがあります。じっとしているのが苦手で、常に何かしていないと落ち着きません。そのため昼食後すぐなどアクティビティのない時間帯になると、自室に戻って室内の片付けを始めるのですが、「何かしないといけない」という思いだけがどんどんと膨らんで切迫してくるようです。すると、入浴や家事やレクリエーションのために声をかけても、聞きません。

「すみません、用事があるんです。なんだったかな。あの、えっと、あれをしなければいけないんですけど。あれ……」

シマダさんからすると、他のことをやっている場合ではないという気分なのだと思いますが、では何をすべきなのか、どこに行くべきなのか、ということについては、ご本人にも明確には分からない。もっと大事なこと、やらなくてはいけないことがあるはずなのに、それは何だっけ？　自分はどうしてここにいるんだろう？　今何をしているんだろう？　このように思考が入り乱れてくるのではないかと思います。

「用事が何だったか思い出すまで、ちょっと息抜きに、一緒にお皿拭きでもしません？」と私は声をかけてみます。シマダさんは、「いえ、用事があるわけではないんですけど」と返します。「そうですか、そしたらお部屋でゆっくりしときますか」「いえ、ゆっくりもできないんです。行くところがあって」「あ、どこか出かけますか」「いえ、出かけるというほどではないんですけど。何かあったような……。何でしょう」

混乱が激しくなってくると、話が二転三転し、こちらに対する否定が多くなります。あれでもない、これでもない、という感じです。ご本人もそれを自覚されるようで、「ちょっと混乱してます。なにがなんだか分からなくなっちゃった」「ダメね、ボケボケで」そのように自嘲して言うのです。

さっき食べたものを思い出せない、目の前の人が誰か分からない、という場合、少なくとも「何が分からないのか」ということは分かっています。

しかし、タバタさんの「何が分からんのか分からん」という言葉や、混乱した時のシマダさんの「何がなんだか分からなくなっちゃった」という言葉には、対象そのものを失った不安があります。

哲学者のハイデガーによれば、怖れは対象をもちますが、不安は対象をもたないのだそうです。私達を不安へと脅かすものについて、ハイデガーはこういうふうに言っています。

《それはすでに「そこに」現存しており——しかも、どこにもない。それはひとの胸をしめつけて息もつけなくするほど切迫していて、しかも、どこにもない》

（マルティン・ハイデッガー著、細谷貞雄訳『存在と時間』ちくま学芸文庫、一九九四年）

「五里霧中」や「暗中模索」の状態です。

自分の姿も見えないほどの濃い霧や闇の中では、こっちの方向に嫌なものがあるとか、あっちから危ないものが近づいてくる、といったように自分にとって不都合な対象を察知することもできません。それと同じように、霧や闇の中のように「何もない」状態の中に、自分が否応なく押し込められて存在してしまっていることの不気味さ。それがハイデガーのいう不安です。

それはつかみどころのないものですが、決して軽い苦しみではないでしょう。ハイデガーは、不安というのは私達にとって最も根本的な気分であるといっています。それは、

「胸をしめつけて息もつけなくするほど」に、切実なものなのです。とても大切なことを見失っている。でも、それが何か分からない。

しかも、自分の姿も見えない霧の中や暗闇の中にいる、その理由さえ分からない。

「なんでやろ。私なんも悪いことしてへんで？」というタバタさんの声が、私の耳に残っています。ご本人からすれば、いきなり放り込まれたようなものでしょう。

認知症を持つ人は、しばしばそういうモヤモヤのなかに押し込められています。すべてを忘れてしまって楽というわけでは決してないのです。

ケース３

なんでもかんでも認知症だからの一言で片付けてしまう問題

シマダさんは、短期記憶と空間の記憶の障害が目立つものの、身だしなみには気を遣い、朝にはしばしばバッチリメイクで部屋から出てきます。ご本人は、むつみ庵に住み込みで介護の仕事をしていると思っているようなところがあります。だからシマダさんは、ホーム内の家事も自ら進んでしてくださるし、日中も眠りがちな他利用者さんの隣に座っていただくと、熱心に面倒を見てくれます。おかげでシマダさんがいらしてから、その方の調子が良くなったように感じられるくらいです。

そのシマダさんが、私の夜勤明けの朝に、「ちょっと買い物に行ってきますね」と言いました。手にはもう靴も持っていて、今にも玄関から出て行こうという感じです。しかし、お店は遠いし坂のアップダウンもきついのです。「何か必要なものがありますか？」と尋ねると、シマダさんは「まあ、いろいろと」と答えます。付近では買い物できる場所がなく、歩いていくと三十分近くかかると伝えましたが、シマダさんは「大丈夫。私ひとりでどこでも行けるので！」と遠出もいとわないようでした。気晴らしになればと、いっしょに庭を散歩してみましたが、シマダさんの買い物への思いは強く、つねに出口を探していました。お店が遠いという話をまたすると、「走ればすぐ着きますね！」と駆け出そうとします。いつもの穏やかな様子とは異なる少し突飛な言動からは、なにやら切羽詰まった思いがうかがわれました。

私はいっしょにコンビニまで付いて出ることにしました。

シマダさんは、むつみ庵に入居する前は、自宅で一人暮らしをされていました。デイサービスなどの介護保険サービスを利用していたほか、新型コロナウィルス感染症が拡大する前にはフィットネスクラブにも通っていたそうですし、読書や縫い物といった趣味にも熱心でした。曰く「自分のことは自分でして、好きなことを好きな時にする」。そういう生き方をしてきたといいます。

コンビニまでの道中、シマダさんは、自分の身体がまだまだ元気だということ、一人でどこにでも行けるということを繰り返し話されていました。さて到着して好きなものを買うのかと思いきや、シマダさんは一通り店内を見渡すと「とくに買うものはないですけどねぇ」と他人事のように言ってすぐに店を出てしまいました。歩きながら話をするなかで気が変わったのか、あるいは買い物に出てきたことを忘れてしまったのか。あれだけ買い物に行くと言っていたのに……。もしかすると、これといって買うべきものは、最初からなかったのかもしれません。

しかし翌週の私の夜勤明けの日にも、シマダさんはまた買い物に出かけると言い出しました。他のスタッフの時にはなかったことが続いたので、私は自分の対応に問題がなかったかと悩みました。が、考えてみると、それはどちらも日曜日のことだったのです。ふと思いました。シマダさんの言動は、買い物それ自体というよりも、「いつでも買い物に行くことができる自由を感じること」に目的があるのではないか。

シマダさんは、むつみ庵に住み込みで働いていると思っています。月曜から土曜まではいわばお勤めの日です。グループホームの生活は、自分の家とは違って窮屈を感じることもあるでしょう。それは共同生活であるために、また入居者さんたちの安全を守るために、仕方のない面もあります。シマダさんの場合、「お仕事の日」は、多少のことなら自分を納得させて過ごしている。しかし休みの日は、自由です。日曜の朝、シマダさんはカレンダーを見て、今日はようやくの休みだから買い物に出よう、と思いつく。あるいは、もう前日から決めていたことだったかもしれません。

自分の時間に好きにできる自由を持っているということは、私たちにとって大切です。特にシマダさんのように「好きなことを好きな時に」を信条に生きてきた人にとってはなおさらでしょう。その自由を失うことは、彼女にとって自分自身を失うに等しいのだろうと思います。このように捉えると、シマダさんの言動はとても筋の通ったものだと思えてきます。

これはひとつの解釈にすぎませんが、認知症を持つ人の言動を、「確かにそういう状況なら、そうするよね」というふうになるべく自然なものとして読み取る態度は、認知症介護に欠かせません。介護者は、本人の認知症の原因疾患だけでなく、今現在の環境や本人の生活歴や価値観など多様な要素を勘案して、なるべく整合性のある読み取りを行う必要があります。そうした読み取りを怠れば、相手のことを何でもかんでも「認知症だから」の一言で片付けてしまいかねないからです。

それは構造的な「認識の暴力」になりえます。

もちろん認知症のために、彼らと私たちでは見ているものがまったく違うかもしれません。しかし不可解な言動の原因を解きほぐし、認識のギャップを丁寧に埋めていけば、認知症を持つ方の現実も、私たちと地続きで理解できるはずです。

ケース４

ケアはスタッフだけでなく家族との会話も大きな助けになる

シマダさんは、入居当初から入念になされたお化粧が印象的でした。彼女の鞄のなかのポーチには、ファンデーションやアイライナー、マスカラ、口紅、その他の化粧道具がぎっしりと詰まっています。朝から、自室で濃い目の化粧をされており、お風呂のあとも、すぐに化粧をなおします。就寝時には洗顔をスタッフに勧められても、「メイク落としを持ってますので」と部屋に戻るまで化粧を落としません。洗顔して化粧を落とした時でも、深夜の巡回でお部屋を訪ねると、キラキラのバッチリメイクで室内の片付けをしていることもよくありました。

シマダさんの化粧のキラキラ度は、気分の変調と関係しているように思います。

シマダさんは、手持ち無沙汰になると、不安になるタイプです。何もすることがないと、不安から混乱が強くなり、ご本人のなかで「しなければ」という感情が膨らんで、切迫してくるようです。

「この後、どうしたらいいのかしら」

「しなきゃいけないことがあるんですけど……」

「どうしても出かけなければいけないんです」

しかし、何をすべきなのか、どこに行くべきなのか、ご本人には明確に把握できていません。こういう時、シマダさんはとても辛そうです。そして、混乱が激しかった一時期、シマダさんの化粧はとても濃いものでした。

スタッフは、体操やレクリエーションといった毎日のスケジュールのほかに、食後の食器拭きや掃除などの家事をお願いして一緒に行ったり、移動図書館や庭の菜園に誘ったりするなどしてアクティビティを増やし、なるべく手持ち無沙汰の隙間時間ができないよう気を配りました。また、誰に対しても距離を置きがちなシマダさんに対して、あえてくだけた接し方をしたり冗談をぶつけたり、スキンシップをとったりして、距離を縮める試みを続けました。

しかし、スタッフがどれだけ心を砕いても、シマダさんの不安が晴れないこともあります。混乱して、どうしても帰らなければと言い張り、説得も聞かないということがしばしば起こってくるのです。そういう時、シマダさんは自分の携帯電話からご家族に電話します。ご家族から、「むつみ庵の人たちにお任せしたらいいから、そこで泊まっていって大丈夫だよ」と言っていただくと、シマダさんは「すみません、やっぱり今日泊めてもらってもいいかしら！」とスッキリした顔でお願いしてきます。

スタッフだけでは、ご本人の不安を取り除くため十分な対応ができないこともあります。そういう時、ご家族の協力が大きな助けになります。

また、シマダさんのご家族からは「入居者のみなさんがゆっくり過ごされる午後の時間に母が落ち着いて過ごせるように」と、ご本人が昔から好きだったというテレビドラマ『大草原の小さな家』のＤＶＤセットを送っていただきました。昼食後すぐのアクティビティがない時間にこのお気に入りのドラマをかけていると、シマダさんは不穏になることなく過ごせています。

シマダさんが入居されてから約一年、最近気づいたことがあります。シマダさんの化粧が薄くなってきているのです。お風呂のあとにはスッピンで過ごしていらっしゃることもあります。化粧をしていなくてもあまり気にならなくなってきたようです。

化粧はプロテクターのようなものなのかもしれません。それまでむつみ庵は、シマダさんにとって、あくまでも「外」でした。外に出る時には化粧をします。また、不安や混乱が激しいときにはプロテクターを厚くする。

それが、時間が経ち、他の入居者やスタッフなど周りの人々との親密さが増し、過ごしている場所にも馴染みが出て、ここでの生活がシマダさんにとって「内」として感じられるようになったのではないでしょうか。

化粧をしなくなったという変化は、外に対する「気の張り」を感じなくなってきたことであるとも考えられるので、注意は必要なのですが、彼女の表情には笑顔が増えました。ご家族からも、「最近電話で話していても穏やかに感じます」というお言葉をいただきました。

ケース５

「地面を踏めない人間の気持ち、分かるか」という入居者の声に

ガラッと戸の開く音がして振り返ると、外に出て行くヒライさん（男性・八十三歳）の後ろ姿が見えました。ヒライさんは、半年ほど入院していた病院から、最近むつみ庵へ入所された男性です。いつの間にか庭に出ていることが度々あるヒライさんですが、ありがたいことにグループホームむつみ庵の庭はとても広いので、その中を自由に散歩していただけます。よく歩かれるので、入ったばかりの時はひどかった足のむくみも幾分引いたようです。この日も、ヒライさんは庭の中の小道を一歩一歩確かめるようにゆっくりと歩いていきます。

入所してしばらくたった日の就寝前に、こんなことがありました。自室で着替えてい

たヒライさんが、おもむろに「今日は何日やったかな」と、見守っていた私に尋ねました。私が答えると、ヒライさんは棚の上のノートを広げ、ペンを手に取ります。

「何日って?」「15日です」「んー、11日ちゃうの?」

ノートに書かれていたのは、飛び飛びになった日付の短い日記でした。ヒライさんに伺って承諾をいただき、横から覗かせてもらうと、そこには新しい生活への期待や、混乱する記憶への不安が綴られていました。正確ではありませんが、おおよそ次のようなものです。

「○月×日　とにかく今は何がどうなってるかわからない。トシエに会えるのだろうか。すぐ近くにいてほしい。
○月△日　明日昼ごはんを食べたらすぐ歩いてトシエのところに会いに行こう。分かるだろうか。地べたを歩くのだから大丈夫だろう。たのしみだ。
本日は□日火曜日のようだ。人間は時々はボーケンする気をもたないかん。少しはがんばりたい」

ヒライさんは庭を散歩しているようで、家に続く道を探しているのかもしれません。

庭を何周かしてから戻ってきて、「バス停まで行ったけどな〜、その先が分からんかった」と話していたこともありました。もちろん、庭の中にバス停はないのですが……。

日記に書かれていた「地べたを歩くのだから大丈夫だろう」という言葉に、私は心を動かされました。ご家族から聞いた話を思い出したのです。入院中の半年間、病棟から外に出ることのなかったヒライさんは、ある日電話で娘さんにこう語ったそうです。

「ずっと地面から離れて、地面を踏めない人間の気持ち、分かるか」

いかがでしょう、分かりますか。そのような地面を踏めない気持ちを、私は想像したこともありませんでした。ただ病棟の床を歩くのではなく、地面を踏んで、歩きたい、という切実な思いが表れた言葉だと思います。

ヒライさんは奥様に会いに行きたいという希望を持っています。入院中は外に出ることも叶いませんでした。

でも、地べたを歩けば、きっと行ける。道は分からないかもしれないが、地面はつながっているのだから何とかなるだろう。

そういうポジティブな見通しが「地べたを歩くのだから大丈夫」という言葉に表れて

います。開かれた大地の上では、閉ざされた建物の中とは違う自由を感じることができます。自分はできるという自己効力感や、やってみようという「ボーケンする気持ち」も生まれるでしょう。現在のヒライさんにとって歩くということは、そうした諸々の思いや意味が詰まったことなのだと思います。

人の行為は、単に運動機能が満たされていれば果たされるというものではありません。どのような行為にも、その人なりの目的や記憶や、感情や意味が、宿っています。それを改めて教えてもらった出来事でした。

さて、外に出たヒライさんを追いかけて、私も外に出ます。菜園の脇を通り、遠くの山を眺め、木々の間を抜けて、一緒に庭を一周りしました。「こんなもんにしとこかな」と玄関に戻り靴を脱いだヒライさんに、「足のむくみ、だいぶよくなったんじゃないですか？」と声をかけました。いつもは感情の起伏をあまり顔に出さない人なのですが、この時は「え、そうかな！」と目を輝かせて本当に嬉しそうに笑っていました。

ケース 6

薬を飲みたくないという入居者の本当の思いをいかに知るか

ヒライさんは、薬が多いです。入院理由となった症状は寛解したものの、身体・精神の両面を整えるための服薬は継続しています。その数が朝には七つ、晩には八つ。ご本人はその錠剤の多さに辟易している様子です。

朝晩の食後にスタッフが薬を手渡す時、ヒライさんは決まって愚痴をこぼします。

「こんなようけ飲まなあかんのかいな。毎日薬漬けやで。嫌やなぁ」

そのようにブツブツと言いながらも、入居してから約一カ月、きちんと服薬してくれていたのです。手のひらの上に載せられた白やピンクの薬をまじまじと眺め、意を決したように口の中に投げ込んで、グイ、グイ、と水で喉に流し込んでいました。

しかし、つい先日いつもと同じように薬を手渡した私に、ヒライさんが尋ねました。

「今日何曜日や？」

「日曜日ですよ」と私は答えます。

「そうか、わし日曜は薬飲まへんねん」

え？と私が聞き返すと、

「いやな、多いやろぉ。訳わからん薬ばっかり飲まされてると調子わるなってくるから、一週間に一回は休むことにしてますのや」

この少し前に薬の多さについてこぼしているとき、ヒライさんは「たまに飲まんようにしてるんや」と言っていました。とはいえ、入所からこれまで不承不承にも飲んでくれていたので気にしていなかったのですが、ここにきて突然、飲まないと言い出したのです。

話を聞いてみると、ご本人いわく「勝手に出されている薬だから、自分も勝手に休むことにしている」とのことでした。その休肝日ならぬ休薬日が、日曜らしいのです。

私は薬を飲んだほうがいいことを説明しました。ヒライさんは、退院してむつみ庵に入所されてから、顔色や表情がよくなりました。ひどかった足のむくみも、毎日の散歩のおかげでかなり引き、精神的にも落ち着いています。この調子なら、定期の受診のときにお医者さんに相談して薬の量も減らしてもらえるのではないか。

しかし、ヒライさんは「わしの体のことは、わしが一番よう分かってる。飲まんほうが調子がいいんや」と言います。

このように医師の処方や指示を守らない患者さんは、医療従事者から「コンプライアンスが悪い」と言われます。コンプライアンスという語は、一般的には、企業が法令や倫理をきちんと守ることを意味しますが、臨床現場においては、患者が医療従事者の指示を守って治療を受けることを意味します。ノンコンプライアンスの患者さんは、治療の継続が難しいところがあります。

実は仏典の律蔵においても、現代から見るとコンプライアンスが悪いと言えるような、「看ること難し」な病人についての言及があります（仏教の聖典は経・律・論の三蔵に分類され、このうち律蔵とは出家修行者の行為や教団運営についてのルールブック集です。ルールだけでなく、その制定の経緯も書かれています）。

《病人に五つのことが備わっていると、看病をするのが難しい。その五つというのは、①病に応じた薬や食を服することができない。②看病人の言うことに従わない。③病が重いのか軽いのかを自分で分からない。④苦痛に耐えることができない。⑤怠け心があり道理をわきまえない。これを五法ありて病人看ること難しという》

（大正新脩大蔵経二十二巻・四五七上段）

治療しにくい人は、今と同じように昔もいたわけです。ヒライさんは、薬を飲もうとせず、介護者の言うことを聞かず、自分の病状についても診断に反して「自分が一番分かっている」と言います。五つのうちの三つくらいは当てはまりそうです。

ただ、ヒライさんが薬を飲みたくないと思う気持ちもよく分かるのです。律蔵でいうところの「薬」とは、発酵食品、蜜、油、木の根や実といった生薬など、薬効のある食材のことを指します。そのように自然由来のものであれば、まだ飲んでもいいと思えるでしょう。

現代の薬は、化学的に合成・精製されたものです。効果は高いものの、反面で副作用もあります。ヒライさんに出された薬の説明書を見ると、頭痛、倦怠感、不安感、悪夢、幻覚、注意力障害、動悸、めまい、など不穏なワードがびっしりと並んでいます。

ヒライさんの場合、夜には睡眠導入剤や神経の興奮を抑える薬もあります。それらを服用したあとは「頭がぼんやりするわ」と言うことがあるので、ご自身で薬の強さを実感しているはずです。

だから、「薬漬けや」「訳分からん薬ばっかり」という不安は痛いほど理解できます。同じ立場になれば私だって嫌です。

コンプライアンスというと医療者の指示に患者が服するという一方向的なニュアンスがあるのですが、近年ではこのコンプライアンス概念はアドヒアランスという概念へと移り変わりつつあります。アドヒアランスとは、患者と医療者がともに相談して相互理解のもとで治療方針を決定し、患者がその治療方針に従うという考え方です。

理想的には、ヒライさんが医師と相談し、納得のうえで服薬できるようになればいいのですが、記憶力や認知機能が低下する認知症の方の服薬アドヒアランスは難しいものです。

ケース 7

介護現場の応病与薬はトライアル・アンド・エラーの積み重ね

服薬にかかわるトラブルには、拒否だけでなく「飲み忘れ」や「飲みすぎ」「飲み間違い」があります。認知症を発症した人にはほぼ必ず起こる問題です。最近では、ヒライさんは朝晩の服薬のところを「薬は朝に一回だけのはずやで！」と言い、やはり拒否しました。

どうすればよいでしょうか。たとえば、錠剤だけでなくシロップや顆粒、ゼリーや吸入など、服用しやすい薬にする。あるいは軟膏や湿布薬、点眼・点鼻など口から服用する薬だけでなく他の投与法を検討する。薬の形態や投与法の変更にあたっては、もちろん医師と相談しなければなりません。薬剤師の服薬指導で相談することもできます。

その他、薬の拒否がある場合には、食事に混ぜて気づかないうちに飲んでもらったり、飲むタイミングを変えたり、演技も使って飲みやすくなる言葉掛けをしたりなど、方法はいろいろと考えられます。

ただし、「どのように飲んでもらうか」という対処法を考えるよりも先に、すべきことがあります。それは、「なぜ飲めないのか」というそもそもの原因を正しく把握することです。状況の客観的な観察と分析（アセスメント）をしないまま対策だけ練っても、間違った方向に進めてしまいかねません。

まず、ヒライさんは自分に薬が処方されている事実を認識しているか。これはできています。だから薬を飲むこと自体にはそれほどの抵抗感はない様子です。ただ、その種類や分量や飲む時間帯、回数については記憶が不確かです。そのため、「今は飲む時間じゃない」とか「こんなに多いのはおかしい」といった主張をします。そのような状態で、スタッフが無理に勧めれば、不信感が生じます。実際、ヒライさんが服薬を拒否する時には、「なんでこんなに飲ますんや！」とスタッフに食って掛かるようなこともありました。

薬の種類・分量・時間帯についての記憶があやふやなために、服薬する必要性を感じられていない状態では、スタッフが説得を重ねても、また薬の形態を変更できたとしても、解決にはつながりにくいでしょう。まして食事に混ぜ込むなどしてご本人がそれに気づいた場合には、さらに不信感が募ると思われます。

一方で、ヒライさんは性格的に頑固なところはあるものの、物事の判断能力はまだ保っていて、常識を外れるほどに我を通すようなことはありません。また、文字の認識や文章の読み取りも大きな支障なくできます。

次にヒライさんが服薬の拒否をした時、私は処方箋を持っていき、ご本人と一緒に確認してみました。その時、手元にあった錠剤が八つ。まず錠剤の数に間違いがないかを一緒に数えて確かめ、ひとつひとつの薬について効能を読み、それらが何のための薬なのかをご本人にも知ってもらいました。すると、期待していたよりもずっとすんなりと、ヒライさんは納得してくださいました。

「こんなようけ（たくさん）嫌やけど、書いてるしなぁ」

「うん。また今度先生に減らせないか相談してみてもいいかもしれませんよ。でも僕たちが勝手に減らすことはできないから」

「あんたらも嫌がる人に飲ませなあかんのやから、大変やな（笑）」

そのように笑って飲んでくれました。

また、服薬のトラブルにあたっては、「なぜ飲めないのか」「どのようにしたら飲めるか」だけでなく、「本当に飲む必要があるのか」ということを検討すべき場合もあります。もちろんその場合も、素人判断はせず、状況や状態に応じて専門家を頼りましょう。

応病与薬という言葉があります。仏が人々の素質や能力に応じて教えを説くことを、病に応じた薬の処方に喩えたものです。仏様の智慧をもってすれば一人ひとりに応じたケアもできるでしょう。

でも介護現場では、たいていトライアル・アンド・エラーの積み重ねです。むつみ庵の事務所には、「観察・工夫・みんなのために」という標語が掲げられています。観察と工夫の繰り返し以外に、解決はありません。アセスメントをして、原因について仮説を立てて、こうしたらいいのでは、こうすればどうだろう、と試していきます。その繰り返しで応病与薬の個別的なケアにたどりつくのだと思います。

ケース 8

認知症になっても社会に所属したいという欲求は残るのです

要介護認定を受けている方は、定期的に要介護度を判定するための認定調査を受けます。先日、その調査をキシタさん（男性・八十七歳）が受けました。キシタさんの前に、調査員さんが座りました。身体の動きを確認したあと、調査員さんは今の季節を尋ねました。キシタさんは、寒暖の感覚が乏しく、時季に応じて衣服を調整することができません。真夏に厚着をしたりします。季節も分からないはずです。

そう思われたのですが、キシタさんは調査員の表情を読んでいました。「今は、そうですねぇ、春、夏……、う〜ん、秋、冬……」というように順番に季節を言葉にしていきながら、調査員の顔をうかがっていました。何度か繰り返して、結果「冬ですかな」

と答えることができました。メンタリスト顔負けの、高度なコミュニケーションではないでしょうか。続いて「今は何月でしょうか」と聞かれると、キシタさんはまたう〜んと唸りながら、顔は正面を向いたまま視線だけをすばやく周囲にめぐらせています。手がかりを探しているのです。キシタさんに対面する調査員の後ろの壁には、カレンダーが架けてありました。一枚に二カ月分の日付が記載されている大きなカレンダーです。それを見つけて、「十一月か、十二月でしたなぁ」と言います。こういう具合に、キシタさんは記憶や感覚の欠如を補おうとしていました。

またアライさん（女性・八十九歳）は、同じように認定調査で季節を聞かれると、少し言いよどんでから外に目を向け、「うん、いい季節ですよね！」と言いました。調査員もそこは心得たもので、ふむふむと話を聞きつつ、質問リストの「今の季節を理解できるか」の項目には、しっかりと「できない」にチェックを入れていました。調査員は次に「ここがどこかわかりますか」と聞きます。アライさんは、「いやぁ、いいところですよ！」と声を張って、なんとか乗り切ろうとしていました。

キシタさんとアライさんには、時間と場所についての認識（見当識）が欠けています。

しかし、実はお二人にはたくさんのことができています。たとえば、季節は分からないけれど「自分は季節が分かっていない」ということを知っています。つまり、自分の状態と自分が置かれた状況についての認知（メタ認知）ができているのです。また、「季節が分からないことは恥ずかしいことだ」とも感じているようです。見当識の社会的な重要性にも気づいています。だからこそ、自分のプライドを守るために、隠そうとします。そして、自分の見当識の欠如を隠すための冴えたやり方を見つけ、自然な言葉づかいでその場をしのいでいました。

ときに初対面の人には気づかれないような巧みな受け答えをすることもあり、その取り繕いの腕前には感心させられます。

人間は社会的動物です。誰であっても、集団に所属することを欲し、社会のなかで一定の位置を占めたいと願います。所属と承認の欲求を持っているのです。

他の生物と比較した人間の社会性の特徴は、相手の心を読むこと（認知的共感）にあるといいます。相手の気持ちを推測し、相手が自分のことをどう思っているかを想像することです。そのためには、相手の表情や身振りの意味だけでなく、相手と自分との関係性や、周りの状況を把握していなければなりません。つまり、自分も含めた全体を俯瞰して見ることが必要になります。これができるからこそ、人間は高度な協力行動を行うことができますし、逆に相手の裏をかいたり、ごまかしたりすることもできるのです。キシタさんやアライさんの取り繕いも、悪意のあるものではありません。どこかに所属し承認されたいと欲し、人の目を気にして相手の心を推測するという人間独自の社会性の表れなのです。

一般には、認知症になると社会への適応がしにくくなるとされます。確かに、適応度は下がるでしょう。しかし、社会的な欲求は、ほとんどの人に強く残ります。なかにはキシタさんたちのように、うまく適応して巧みな方法で体面を保とうとする人もいます。人間は本質的に社会的で、その脳は人と交わるようにできています。寄り合い、愛し、助け合う。妬み、騙し合う。どれも人間であるがゆえの業といえるかもしれません。

ケース 9

アルコール性認知症の入居者が菜園に通い始めて癒された事実

むつみ庵はもともと植木屋のご一家が暮らす家だったため、敷地は広く、その一画には菜園があります。ここで入居者さんたちが野菜や花を育てています。レモン、白菜、大根、暖かい時季にはオクラ、トマト、ゴーヤなど。バラが好きだという方は、バラの苗をお世話しています。とりわけ園芸活動に熱心なのは、この家で一番長く暮らしているコジマさん（男性・八十三歳）です。

コジマさんはまだ六十代のときにむつみ庵に入りました。それまで大阪の都心に住み、ビルのメンテナンスの仕事についていましたが、退職後、一人暮らしの生活の乱れから多量の飲酒が常習化して、アルコール依存となりました。アルコール性認知症と診断され、むつみ庵に初めてやって来たときには、脇から支えてもらわなければ満足に歩くことも難しい状態だったそうです。

多量のアルコール摂取による脳の萎縮は、特に前頭葉に目立つといわれています。前頭葉は、ものを考えたり感情をコントロールしたりといった「人間らしさ」を担っている部位です。コジマさんも感情のコントロールが難しく、しばしば大きな声を出して威嚇したり、手を出したりしました。特に女性の入居者やスタッフに対しての当たりは強いものでした。

「ふんふんふん」と呟きながら家の中を歩き回るヨシコさんが近くに来ようものなら、それだけで気に障るらしく、「なんや！」と叫んだかと思うと、止める間もなくヨシコさんの頭をスパンッと新聞紙で叩きます。「あんなんするんやで～」とヨシコさんはスタッフに陳情していました。

むつみ庵に来てからアルコールを絶ち、意識や歩行の状態も改善しましたが、コジマさんの怒りっぽさとすぐに手が出る癖は、さほど改善しませんでした。人と打ち解けにくくコミュニケーションが苦手という、もともとの性格もあったと思います。

そのコジマさんが、菜園を始めたのは、入所してしばらくのころ。土地も余っているしどうか、とスタッフのほうから誘いました。コジマさんは大学の工学部出身で、電気関係は詳しいけれど、それまで農作業らしいことは経験がありません。ですが一人であれこれ地道にやっていくのが好きな人なので、性に合ったのでしょう。毎朝菜園を見に行くほどの園芸好きになりました。雨の日でも野菜の様子を見に行っていました。

それから十数年経ち、現在、コジマさんはけっこう穏やかです。この間、歳も重ねて、それに伴い怒る気力も衰えたのかもしれません。

ただ、怒ることが少なくなったのに加えて、コジマさんは柔和な笑顔をよく見せるようになりました。当初はまったくやりたがらなかったレクリエーションにも参加することが増え、ゲームを始めれば他の入居者さんたちにちょっとした皮肉の言葉を投げつつも楽しんでいます。

ひとつには共同生活がよかったのでしょう。コジマさんは自室で過ごすことが多いものの、部屋の外からは他の人の声や生活音が聞こえるし、ご飯時になれば一緒に食べる人がいます。何やかにやと世話を焼かれ、よく「ええ?」と眉根を寄せて面倒くさそうにしていますが、自分が大切に思われているということは感じてくれているはずです。生活はうるさく煩わしい。しかし、孤独ではありません。

もうひとつには、やはり菜園での活動です。自然に触れるというのは、それだけで癒しになります。最近の研究では、土壌の中の細菌には抗ストレス作用をもつものがあることが分かっているそうです。

そのように自然に触れることに加えて、作物を育てるという経験そのものがよい影響を与えたとも考えられます。植えられた種が芽を吹き、少しずつ成長するのを見守る。あれこれと手入れをして、大切に愛で育む。それは小池さんにとってのケアする経験です。

むつみ庵への入所前、勤めがなくなったコジマさんは、所在のなさや孤独を埋めるために酒に頼ったのでしょう。生活は荒れ、セルフネグレクトの状態だったと思われます。そんなコジマさんが、何かを大切に丁寧に扱うということをむつみ庵で始めました。作物の成長を気づかい大切にすることは、ご本人のセルフケアになっていたのではないでしょうか。

認知機能の障害が軽微ながらもあり、そのため手入れの仕方はかなり奔放なものです。雨の直後に水をやったり、若菜を間引きすぎたり、まだ熟れていないトマトを採ってきたりします。それで私達スタッフは「もっとこうすれば……」と、やきもきするのですが、コジマさんなりに作物をケアすることがご自身のケアにもなっているならば、介入せずに任せておくのがいい。そう考えて、思うままにやってもらっています。

年末も年始もなく、コジマさんはほぼ毎朝菜園を見に行きます。市販のものと比べると幾分いびつな野菜たちが食卓にあがり、スタッフが「これはコジマさんが採ってきたやつ」と皆さんに紹介すると、「そうや」とはにかみながら胸を張っています。

ケース10

介助のなかでも特に比重が大きい排泄について実感したこと

食べることと出すこと。

これは人間にとって避けられない、根源的な営みです。もちろんその他の営みも、人間らしい快適な生活にとっては欠かすことができません。しかし、食べることは命にかかわります。出すことも、食べることと同じくらいに大切です。食べたからには出さなければいけません。

食事、排泄、入浴の介助を三大介助といいますが、介助する側の労力や気配りの度合いからすると、排泄の介助がもっとも比重が大きいように思います。まず、排泄は大小合わせると食事よりも頻繁にあるので、介助量が多くなります。また、排泄はコントロールしにくいです。いつ、どこで、どのようなものを、どれくらいするか、ということは計画できません。「今日は何時に排便してください」とか、「今日はひとつ、一昨日よりも固めのやつを」などとお願いはできないわけです。さらに、排泄は本人の尊厳にかかわるし、衛生面の大問題でもあります。というわけで、排泄介助には何かと気をつかうのです。

ある日のこと、タガミさんがトイレで排便していました。小用の時は一人でしていただくのですが、排便時は異物感からか手で触ってしまうので、横で見守るようにしています。タガミさんは便座に座って下を覗きこんでいましたが、驚いたように顔を上げて言いました。

「あ、ほら、パンが」

不思議な言葉です。はじめ私はよく分からなかったのですが、タガミさんは、ほら、パンが、パンが、と確かに「パン」と繰り返していました。どうして便とパンが結びつくのでしょう？　しかも、このような発言は、このときだけの偶然のものではありませんでした。タガミさんがこんなことを言ってたんですよ、と他のスタッフに話すと、

「こないだはご飯が出てきたって言うてたで！」ということでした。パンだけではなくご飯も出せるとは……。どうやらタガミさんのなかでは、排泄物は食物に置きかえ可能なかたちで、イメージが結びついているらしいのです。

ハイヌウェレ型として知られるタイプの神話を思い出します。

これは、食物や宝物を尽きることなく排泄できた女神についての神話です。日本の『古事記』においてはオオゲツヒメが口と鼻と尻から食物を生み出しています。『日本書紀』ではウケモチが同じような役割をもって描かれています。ハイヌウェレ型神話は、インドネシアからメラネシア、ポリネシア、さらにアメリカ大陸まで、非常に広い地域に分布しているそうです（大林太良ほか『世界神話事典　世界の神々の誕生』角川ソフィア文庫、二〇一二年）。食物を生み出すのが女性なのは、出産のイメージと重ねられているのでしょう。

食物が体のなかを通って吸収されたあとの残りカスが、便です。口から入ったものとお尻から出て行くものは、別様ではあっても別物ではありません。そういう意味で、食物と排泄物が関連づけられてイメージされるということは理解できます。ただ、タガミさんの発言やハイヌウェレ型神話では、「食物 ↓ 排泄物」ではなく、もっとダイレクトに「食物＝排泄物」でした。

汚い話ですみません。とはいえ、きれい・汚いという対立するものの奇妙な一致というモチーフが各地の神話に受け継がれてきたことには、何かしらの意味があるのでしょう。

食べるというのは、きれいなもの、すなわち新たな生けるものを内に取り入れることです。また排泄するというのは、汚いもの、すなわち古い死せるものを外に出すことです。「きれい」と「汚い」、「新しい」と「古い」、「生けるもの」と「死せるもの」が肉体を起点にして内から外へ、外から内へと循環します。

円を描いて、そこに始点を書き込んでみます。すると、ぐるっと回って始点は終点になりますね。そのように、排泄と食は、浄穢、新古、生死が循環する大きな自然のサイクルに刻まれた始点と終点です。ハイヌウェレ型のような神話のコスモロジーにおいて、人間の肉体は、自然の循環の始まりでもあり終わりでもある、いわばふたつの接合部として描かれている。そのように考えられます。

文芸批評家のミハイル・バフチンは、ルネサンス期の作家ラブレーの作品で描かれる肉体のイメージについて、似たようなことを言っています。

《肉体のドラマのアクション―飲み食い、排泄（および他の排出行為―発汗、鼻をかむこと、くしゃみ）、交接、懐胎、出産、成長、老年、病気、死、寸断、八つ裂き、他の肉体に呑み込まれること―これらの動作は肉体と世界の境界線上、古い肉体と新しい肉体との境界線上で行われるのである。（中略）いずれの場合でも生命の初めと終わりはたがいに切り離ち難くないまぜられている》

（ミハイール・バフチーン『フランソワ・ラブレーの作品と中世・ルネッサンスの民衆文化』せりか書房、一九八〇年）

循環する世界において、食べることと出すことは、イコールで結ばれる。そういう世界と人間との捉えかたが、私たちの意識の古層には眠っているのかもしれません。そういうふうに考えて、タガミさんの「ほら、パンが」という言葉を飲み込んでみます。

第2章

思い込みを捨てた向き合い方

諦めずに理解しようと試み続ける

認知症のある方々の言動をどのように理解するか、むつみ庵に入居している方々を例に見てきました。ただし、入居者さんの言動への理解は、ひとつの解釈にすぎません。多くは推測ですし、かなり自由な想像も入っています。

こうした解釈が、認知症ケアにおいてどのように役立つのでしょうか。

たとえば食事時に、ある方の食べる早さがいつもより遅いとします。

もしかすると体調が悪いのかもしれません。前夜に眠れず、寝不足なのかもしれません。食事の直前に普段とは違ったことがあって不穏になっているのかもしれません。便通がなく食欲が湧かないことも考えられます。入れ歯が合わなくなって噛み合わせが悪くなっている可能性もありますし、単に嫌いな食べ物が入っていることもあるでしょう。

さまざまな理由が考えられますので、ご本人の前後の状態や状況を総合的に判断して「こうではないか」という解釈を立て、それにもとづいて対応をすることになります。

解釈にもとづいた対応によって、ご本人にポジティブな変化が起こることがあります。あるいは、ご本人の言動を引き続き観察することで、その解釈の正しさが裏付けられることもあります。これは観察→解釈（仮説）→検証というプロセスです。

とはいえ、そのような試行プロセスが常にうまく回るわけではありません。スタッフどうしで話していて、入居者さんの言動について「うーん、分からんなぁ」という結論になることはしょっちゅうです。

解釈の正しさを検証しようもないことだってあります。

ただ、ケアする側のかなり自由な想像も含めて解釈を立て続けることは、認知症についての理解を止めてしまわないために必要なことです。

突拍子もないと思われる言動について、分からないままで理解を諦めてしまうのでもなく、逆に理解した気になって満足するのでもありません。

現時点での仮設的な筋道をつけておくのです。

そのように「暫定的に理解する」ことによって、合理的で常識的な思考からはほど遠い言動にも、理解可能な何らかの背景があるということを確認できます。それによって、私たちは認知症のある方々を自分と切り離さず、同じような感情や思考を持った存在として向き合うことができるのです。

解釈は暫定的なものですから、時間の経過によって、病状の変化によって、ご本人の人となりについての知識の深まりによって、常に更新される可能性を持っています。以前の理解がまったくの間違いであったことが判明する時もあるでしょう。

なかなか完成品に向かわず、デッサンを更新し続ける。認知症の理解について、私はそのようなイメージを持っています。

ケース11

相手の取り違えを否定するか肯定するか、どうすればいいか

ある日の夕方、食事を待ちながらみなでテレビの相撲中継を見ていた時のこと。

「ああ、たろべえのとこのケンちゃんか」

八十二歳のオオシマさん（女性）がつぶやきました。オオシマさんと私は、力士の体重について話をしているところでした。

その話を断ち切り、オオシマさんは今気づいたというように、はっとした表情で私を見つめ、ほとんど独り言のように声を出しました。私の名前はケンちゃんではありません。残念ながら、たろべえにも心当たりがありません。しかし聞き返すと、やはり「たろべえの、な？」とオオシマさんは繰り返すのです。

どうやら私のことを「たろべえのとこのケンちゃん」だと思っているらしい。

オオシマさんのこうした取り違えは、よくあります。四国の小さな集落に生まれてそこで長く暮らし、仕事を引退してから子どもの住む関西に越してきた彼女は、かつて暮らしていた場所に今もいるかのように話すことがあります。本物のケンちゃんも、きっとその土地の人なのでしょう。

ここで対応の選択肢として、①否定、②肯定、③その他、の三つがあります。
①オオシマさんの勘違いをばっさりと否定して、私はケンちゃんではない、ケンちゃんなんてここにはいない、と言う。過去の記憶による妄想を見ているオオシマさんに、「正しい現実」を示す。
しかし、これはほとんどの場合うまくいきません。なぜなら、本人はその妄想をまさに現実として生きているからです。自分の現実を否定されれば、人はまず否定した相手のほうを疑います。自分のなかに閉じこもってしまうかもしれないし、怒り出すことだってあるかもしれません。

ということで、否定するのは得策ではありません。否定しないというのは、介護において大原則です。

そこで、②オオシマさんの勘違いをまるごと肯定し、私がケンちゃんになってみる、というのはどうでしょうか。

いわば、私のほうがオオシマさんの妄想の世界にどっぷりと入り込むのです。オオシマさんは、なじみの人物と架空の旧交を温めることできます。それはオオシマさんに安心感を与えるにちがいありません。

これはありです。ただ、長い目で見ると注意点もあります。その場はしのげたとしても、それをきっかけにして妄想がひどくなったり、他の人を妄想に巻き込んでしまったりすることがあるからです。実際お世話好きのオオシマさんは、他の入居者さんを自分の子どもと思い、ああだこうだと世話を焼いて、小さなトラブルがしばしば起こっていました。

本人だけの妄想に入り浸りではなく、今のこの場所と人間関係を受け入れてもらうことも必要なのです。

100％の否定も、100％の肯定も、ここでは得策ではなさそうです。

③にしてみましょう。これは、部分肯定、部分否定です。本人の世界に乗っかりながら、こちらの世界との通路を作っておきます。

「ケンちゃん、ケンちゃん……。たまに間違われますね。僕、アキラです。似てるのかな」

「あ、ちがう？」

「うん。僕は会ったことないと思う。その人も男前なんでしょうね（笑）」

「そうよ（笑）」

「たろべえっていうのは、その人のお父さん？」

「たろべえいうたら、ほら、あの……肉屋の」

「ああ、たろべえっていうお肉屋さんですか！　そこのは、おいしいんですか？」

「そう、屋号。私は肉は好かんけど」

オオシマさんは、ケンちゃんのことと、肉よりも魚をよく食べることとを話してくれます。私はケンちゃんにはなりませんが、肉屋たろべえのケンちゃんがいるオオシマさんの世界を認め、今日の夕食の献立をオオシマさんに教えます。

私の見るものが「唯一、正しい現実」なのではありません。こちらの論理であちらの世界を裁くのではなく、橋渡しをしておきたい。私の世界とあちらの世界をつなぐ通路を保っておくこと。そのためには、両者の緩衝地帯というか、のりしろの部分が必要だと思います。ケアにおける介護者と利用者との間ののりしろを、私は現場で意識するようにしています。

ケース12

お互いのあいだにあるギャップを共有することの意義を知る

ある日の夕方、シマダさん（女性・七十四歳）がコートを着て手袋をつけ、大きなトートバッグを抱えて、「じゃ、帰りますね」と言いました。どこにと聞くと、家にと答えます。

「シマダさんは、ここで暮らしてますよね……？」

「いえ、一、二回は泊まったことがあるかもしれませんが、私はだいたい毎日家に帰ってます」

シマダさんは、入居の際にホームに住所を移し、以前住んでいた家も引き払っています。はじめのうちは、住み込みでホームのお手伝いをしていると思ってくださっていましたが、最近はちょこちょこと、家に帰りますと言うことが増えました。

ホームのなかにご自分のお部屋があることも説明して、ベッドや着替えがあることを見ていただいても、シマダさんは「私は毎日家に帰っています」と譲らず、しだいに表情が固くなってきます。

認知症を持つ人の現実と私たちの現実とのあいだにギャップがある時、どのようにコミュニケーションをとっていくのがいいでしょうか。

介護者は、認知症を持つ人たちの言うことや行うことが誤ったものであると知っています。だから、このケースであれば、「シマダさんの家はもうありません。ここに住んでいらっしゃるんです」と、間違った現実を正してあげたくなります。しかし、本人にとっての現実はあくまでもリアルで、彼らはその現実の上では筋の通った行動をしています。それを否定するということは、もうコミュニケーションの回路を断ってしまい、一方的な介護を行うということになるでしょう。

その人のためによかれと思って、「ああしなさい」とか「これはやめなさい」などと〝正しいこと〟を強制する、「本人の意志を無視して行われる善意の干渉」をパターナリズムと呼びます。いうなれば、上から目線のお節介ですね。これは、医師と患者、親と子などのように、持っている知識・情報に格差があったり立場に差があったりするような、非対称な関係で起きやすいものです。

認知症のある方の行動については、他者や本人自身に危害がおよぶ場合にはパターナリズムが許容されることもありますが、原則的には本人の意志を尊重すべきです。認知能力が十分でなくても、その人の理解力に応じた説明を工夫すべきだとされます。しかし、互いの現実がズレている場合、これが本当に難しい。

私は、ちょっとあらたまってシマダさんと正面から向き合い、こう言いました。

「私の記憶とは食い違いがあるようです。シマダさんはもう二カ月ほど、このむつみ庵で寝起きしていたと私は思っているんですけど、シマダさんは、毎日家に帰っていると思っていらっしゃるんですよね」

私は、現実をそのままシマダさんに押し付けずに、いったんカッコにくくって、「私にとっての現実はこうです」と相対化したかたちでシマダさんに示したつもりです。

シマダさんは、訝しげな表情で、「あら、そうなの、どうだったかしら、私勘違いしてたのかな」と言いました。その後、彼女は自分の携帯電話でご家族に電話をかけ、しばらく話をすると納得したようで、さっぱりした顔で「私の勘違いでした！」と言いました。

この時はこれで落ち着いたのですが、ご本人が自分の認識を間違いだったと認めることが必ずしもいいわけではありません。対等な立場で問題を共有し、ではこうしましょうかと協働で問題が解決できればいいのです。

帰宅の訴えは、また翌日も続きます。お互いの現実認識のあいだには、毎日ギャップが横たわっています。でもそのたびに、「お、ここにギャップがありますね」と確認することはできるはずです。そこからコミュニケーションの糸口が見つかります。

どちらにとっても現実はリアルなのだから、いずれが正しいかという正否の問題は棚上げしておきましょう。まずはお互いのあいだにあるギャップを共有する。それによって、コミュニケーションのための中立地帯を開いておくことができると思います。

自分の見ている現実は盤石のものであるような気がするけれど、本当は仮そめの状態にすぎません。あらゆる存在は、因縁によって一時的に成立している、仮和合のものです。それを分別し、真実と見るのは虚妄だ。仏教ではそのように考えます。「世《せ》間《けん》虚《こ》仮《け》」（聖徳太子）です。この現実も、ふとしたことで一変したり、崩れたりします。

親鸞は「無明の酒に酔ひ」と書いています。ロシアの劇作家チェーホフは、「風邪をひいても世界観は変わる。故に世界観とは風邪の症状に過ぎない」と述べたそうです。酔いは覚まして風邪は治すのがいいのだけれど、ひとまず自分の現実がどれだけ正しいものに思えても、酔いや風邪が見せているものだと捉えれば、認知症にかかった人とも、「お互いなんぎな状況ですねぇ」と分かりあえる気がします。

ケース13
認知症の方のお世話を始めた頃はなぜか怖かったけれども…

認知症グループホームで働き始めたころ、実は入居者の方々と接することを怖いと感じていました。しわしわで足腰立たない人がいて、理解できないことを言い、不潔なことをするから。

彼らは遠くかけ離れた異質な存在で、できるならば直視したくない現実でした。それを目の当たりにして感じた怖さだったのでしょう。

しかし今、そうした怖さは感じません。それは単に慣れたからだけではないと思います。

タガミさん（女性・八十八歳）は、アルツハイマー病の症状が進んだことでむつみ庵へ入居しました。お嬢様育ちでプライドが高い人です。若いころはスポーツ万能で、球技系のクラブのキャプテンをしていたそうです。その時からの口癖なのでしょう、事あるごとに「ナイスナイス！」と言って親指をグッと立てていました。

そのタガミさん、最近調子がよくありません。歩行には支えを要するようになり、昼間でも眠りがちな日が増えました。さらに、春に熱を発してから、身体機能の低下が急激に進みました。今、タガミさんは一日のほとんどを自室のベッドで横になってすごしています。

調子によっては、ベッドから起きて、小一時間ほど皆さんのいる居間ですごしてもらうようにしています。また、様子を見ながら、立位や歩行のための運動も取り入れていく予定です。一時に比べると、快方に向かってはいます。それでも、夕方から夜にかけての微熱は毎日のようにあり、食べ物もしっかりミキサーにかけなければ飲み込むことができません。管理者の西さんは、「前とおんなし通りという訳には、なぁ、いかんやろなぁ……」と言いました。私もそう思います。前のとおりには戻らない。認知機能も、身体機能も、着実に低下していきます。アルツハイマー病の場合、老いの進度が速いのです。

少しでも回復してもらうためには、まずは食事です。食の進まないタガミさんに食べてもらうために必要なのは、ノリと勢い。

「おっはようございます！　タガミさーん、ご飯にしましょうか！」

私はやりすぎなくらい元気な声で挨拶をします。タガミさんは、仰向けのまま目をこちらに向けて、「そうか？　そうか？」と返します。会話のやりとりは、もうほとんどできません。「そうか」と「そうね」を繰り返すばかりです。

でも、表情は豊かです。目尻に皺を寄せて穏やかな笑みを浮かべたり、顔中くしゃっとさせて「あはぁ」と笑ったり、機嫌がよくない時は口元だけ引き上げて冷笑したりと、笑顔だけでもたくさんのバリエーションを見せてくれます。

こちらからの声かけを、彼女なりのやり方で受け取っているということが分かります。その受け取り方、反応の仕方には、以前の彼女と共通のパターンがあります。

でもすぐにカクッと下を向いて居眠りに入ってしまうから、気が抜けません。食事の時間が長引くとしんどくなるようで、食べ物を口に溜め込んだまま目をつぶってしまいます。

私は常に話しかけ、冗談を言って、自分で笑い、タガミさんに気を向けてもらいます。マスクをしたまま目だけで笑みを伝えるのは、けっこう難しいところがあります。過剰な笑顔で「はい、食べましょ～」とスプーンを差し出すと、「そうね、そうね」と少し困ったような笑顔で食べてくれます。流動食が口からこぼれ、顎につたいます。タガミさんが、それを自分で拭こうとすることはありません。

食事から排泄まで、人に介助されなければ、十分にはできなくなりました。トイレで排泄音を聞かれるのが嫌で、人の気配がすると決して排泄をしなかった人が、オムツを替えてもらっています。

こういうふうに老いていくのだ、と思います。

もし、入職当時の私が、今のタガミさんのケアにいきなり放り込まれていたら、やはり怖さを感じていただろうと思います。

今は違います。怖さはありません。しかしそれは、認知症患者について知識が増え、慣れたからではないのです。

私はこの人を知っています。社交的で、快活で、プライドが高く、機嫌が変わりやすい、そういう人です。性格、生い立ち、人付き合いの仕方。いうなれば、彼女の生きてきた時間の厚みと生き方のスタイルを、私はわずかながらも身をもって知っています。タガミさんはケアの対象ではなく、一人の人格です。

寝たきりになっても、生き方のスタイルが残ります。積み重ねてきた言葉と行為、出来事への反応、その仕方が残っているのです。以前とはまったく変わってしまいましたが、タガミさんの反応の仕方には、動かしがたい彼女らしさが滲んでいます。

かつては一日に十数回も言っていた「ナイスナイス」も、今は彼女の口からは聞けません。だから代わりに、私が言うことにしました。タガミさんが一口食べるごとに、私は「ナイスナイスぅ！」と、大げさに親指を立てています。

ケース14
認知症患者と介助者役の即興劇で分かった介助者の思い込み

少し苦い経験について、お話させていただきます。

以前、認知症についてのワークショップを企画して、「認知症になってみる」というワークを行ったことがあります。

参加者の方々に二人一組になっていただき、認知症のある人の役と介助者役とに分かれてミニ即興劇を行いました。場面設定は、グループホームのリビング、暗くなってきた夕食前の時間帯。認知症のある利用者さんが自宅に帰ると言い出し、それを介助者が止める、というのが大筋で、細かいところは演じる参加者のアドリブです。

この劇のなかで、認知症のある利用者さん役（以下、認知症役）には次のようなプロフィールを設定していました。

「八十五歳。認知症により、もの忘れや、人違い、時間や場所についての認識のずれ、見えないものを見てしまう幻視、といった症状がある。脚力の低下に加えて膝の関節症があり、転倒の危険が高い。歩く時にはいつもスタッフが脇を支えている。しかしご本人には自覚がなく、一人で立ち歩こうとすることが頻繁にある。一年前には転倒して太ももの骨を折る大怪我をした。ご家族は、二度と転倒させることのないようにと施設側に強く求めている」

これを介助者役に伝えます。ただし、ここが大事なところなのですが、認知症役の参加者には、このプロフィールを教えません。代わりに、このように伝えました。

「認知症を演じる必要はありません。ここはワークショップの会場で、皆さんは参加者ですね。時間も場所も、皆さんご自身も、そのままでかまいません。で、いまワークショップが終わったということにして、そちらの出口から帰ろうとしてみてください。それだけで結構です」

どういうことかというと、認知症役の人は、認知症を演じるのではなく、素の自分のままです。介助者役を務めるパートナーが、その人を認知症扱いしてくるというふうにしたのです。認知症という病気を体験するというよりは、認知症を持つ方々と介助者とのディスコミュニケーションを体験することを意図したワークでした。

始まってみるとカオスでした。

なにしろ、二人に見えている「現実」が違うのです。

介助者役は必死にアドリブも入れて架空の設定をきちんと守ろうとするのですが、認知症役の人は、実際の自分自身のままでいてくださいと言われているので、まったく話が噛み合いません。介助者役も認知症役も、それぞれの役を務めながら、互いの現実のズレを味わわされることになります。

介助者役が「転ぶと危ないですから」と言えば、認知症者役は「いやいや、まだ全然立てますし。ほら」と元気に立ち上がって見せます。「もうすぐ夕食も出ますから」と言えば、「まだお昼過ぎですよ。それに、こんなところでご飯出てくるんですか？」と返します。

演じる劇のなかでは、介助者役は正しい世界のなかにいる人で、認知症役の人はそれを正しく認識できない人ということになっています。しかし、そこに認知症役の人の「現実の素の自分」が入ってきます。その劇の中の「正しい世界」が、実際の現実とぶつかって、崩れてしまうのです。

これだけであれば、すれ違いコントのようで面白おかしくもありますが、虚と実の境目が曖昧なのは、やはり不安です。

認知症を持つ人は、そうした不安、何が現実なのか分からない苦しさを感じているはずです。実際の介護現場では、介助者はたいてい自分が正しい現実に生きていると思い込んでいます。それで悪意もなく発した一言が認知症のある人を深く傷つけることもあります。

ワークショップのガイドをしながら、私も実際に相手と組んで認知症役をやってみました。

帰ろうとすると、相手の方は言葉を尽くして、穏やかに説得してきます。でも私は帰りたい。「帰りたいんです。妻も子どもも待ってますし」と言いました。するとその方は、「子どもさんも大きくなってるし、奥さんも、もういないでしょう」と言いました。

これは相手の方が不意に思いついたアドリブです。こういうシチュエーションは実際にもよくあります。旦那さんと死別された女性が、「主人が待ってますので」と言ったりします。

恥ずかしい話ですが、相手の方のその一言に、私は泣きそうになってしまいました。色々な意味でショックでした。

現実と非現実が曖昧になっていたあの場の力もあったのかもしれません。家族はいないということを突きつけられて、心が大きくぐらつきました。これは即興の劇だということをはっきりと分かっていながら動揺している自分にも、びっくりしました。

何より、私自身がグループホームの利用者さんに、似たようなことを言ったことがあるのです。きちんと正しい現実を認識してもらうために、その時はよかれと思ってのことでした。しかし自分が言われてその喪失感を一瞬でも感じてみて、なんて酷なことを言ってしまったのかと痛感したのです。

それまでにも長く認知症介護に携わっていて、認知症のあるご本人の気持ちに共感しようと努力してきていたつもりです。しかしあの時まで、「家族はもう側にいないでしょう」と言われる痛みを、私は身をもって味わってはいませんでした。

さらに情けない話。現実に戻り、日常的に介護を続けるなかで、私はあの痛みを忘れてしまっています。エピソードとしてしっかり記憶していても、あのやるせなさ、あの痛みの身体的な感覚は、残念ながらもう失われているのです。

だからこれは現在進行系で少し苦い経験です。この苦さを忘れないように、ここに記しておきます。

ケース 15

徘徊を認知症と決めつけると本人の個別性を見失うことがある

夕方になるとうろうろとし始める認知症高齢者は多くいます。むつみ庵でも、たとえばこういうことがあります。

夕食前、カジさん（男性・八十六歳）がおもむろに立ち上がりました。居間から縁側に行って外を眺め、食堂へと足を伸ばし、そのままキッチンへと入っていきます。「どうかしましたか？」と声をかけてみても、「うーん、いや、なぁ」と要領を得ない答えです。そうしているうちに、シマダさん（女性・七十四歳）も、少し不安そうな表情で、あたりを見回しながらキッチンにやってきます。

同じように尋ねてみると、シマダさんのほうも「ええ、あのぉ、どうしたらいいのか……」と煮え切らない返事。その時、ガラッと戸の開く音がします。玄関のほうを振り返ると、ヒライさん（男性・八十三歳）が、庭へと出て行くところでした。

カジさん、シマダさん、ヒライさんの行動は「徘徊」とひとくくりに呼ばれることがありますが、それぞれの行動には異なる背景があります。

カジさんは場所についての記憶が低下しているため、排泄を催していてもトイレがどこか分からないのですが、それ以前に、便意尿意の感覚をトイレで座るという行為に結びつけられないことがしばしばです。そのため、居心地の悪さを感じながら立ち上がるのですが、不快感を解消する方法が見いだせず、歩き回ることになります。

シマダさんは、むつみ庵での生活について「ここに住み込みで働いている」とご自身で語っていたことがあります。責任感が強く、何かしら手を動かしていないと不安を覚える方で、自室にいても、本を読んでいなければたいていは引き出しを開け閉めして片付けをしています。そんなシマダさんは、夕食を待っているあいだテレビを見ながら手持ち無沙汰になると、こんなにゆっくりはしていられない、と仕事を探しに行きます。ですが、不慣れなホームのなかでは何をすればいいかが分からない。すべきことを探して歩き回ります。

ヒライさんの場合は、ただ家に帰りたいのです。ヒライさん自身のノートには、家族への思いが綴られています。ご自宅は車で数十分の距離にありますが、ご本人は「歩いて帰る」としばしば話します。他の方が席を立つのを見ると、もう帰る時間だと思って玄関から外へ出て行くのです。

それぞれの方の行動には、なんらかの目的があり、そこには多様な要因がかかわっています。決して「認知症による徘徊」とひとくくりに理解できるようなものではありません。しかし、私たちは「認知症による徘徊」という枠があると、そこにご本人たちの多様な行動を嵌め込んで、なんとなくその行動を理解した気になってしまいます。そして、ひとまとめにした「徘徊」に対して、一様な対応をして、ケアをした気になってしまいます。

たとえばここに、三人の人がいるとしましょう。一人目はプリンを、二人目は玉子焼きを、三人目は天津飯を食べたがっています。すべて卵料理のカテゴリに入りますが、「なるほど皆さん卵料理が食べたいんですね」と言って全員に目玉焼きを出すのはおかしい。三人が食べたがっているのは、個別の品目であって、「卵料理」ではないのです。ケアにおいて「認知症による徘徊」というカテゴライズをしてしまうと、行動の個別性や多様性を見失い、便意を催している人でも、やるべきことを探している人でも、家に帰りたがっている人でも、誰に対しても同じように会話で落ち着かせて不安から意識を逸らせようとするといった対応をしてしまいがちです。それはプリンを欲しがる人に目玉焼きを出すような、明らかに間違った対応なのに、ケアする側は意外にそのことに気づきません。「その人らしさを支える」「最期までその人らしく」など、相手の個別性を尊重すべしということは、医療でも介護でも盛んに言われます。しかし、そのように個別性の尊重がことさらに強調されるということは、それだけ個別性の尊重が難しいということでもあるでしょう。

そもそもの話ですが、実は認知症とは病名ではありません。

認知症とは「アルツハイマー病や脳梗塞等の疾患のために認知機能が低下し、それによって日常生活全般に支障が出ている状態」を指す言葉です。日常生活に支障がある状態を認知症と呼ぶのですから、逆にいえば、たとえ認知機能が低下していても、適切なサポートを得ることでご本人が支障なく生活を送ることができるのであれば、必ずしも認知症と呼ばなくてもよいのです。

たとえば、空間についての認知機能が低下したことによって自宅のトイレの場所が分からなくなったとしても、ご本人の背の高さに合わせて目につきやすい箇所にトイレを案内する張り紙を貼っていれば、催して歩き回る途中でそれを目にして一人でトイレへと向かえるでしょう。

あるいはまた、自宅から外に出ると帰れなくなってしまう方が、地域の人たちの理解ある声掛けや緻密な連絡網といったサポート体制のおかげで、毎回大きな事故もなく家に戻って来られるならば、リスクは高いけれど生活に支障はない状態といえます。

このように住環境の調整や、人的なサポートによって、また社会の仕組みによって、ご本人が日常生活を支障なく送れていれば、そこでは認知症は起こっていないのです。つまり、ケアする側の対応や社会の仕組み次第で、認知症のあり方は変わりえます。

生活とリハビリ研究所の代表である三好春樹は、問題的な事態が起こった時、まず原因は関係性にあるのではないかと考えることを主張しています。認知症は個人の病気というよりも、個人と周囲との関係障害といえる面もあるのです（三好春樹『関係障害論』雲母書房、一九九七年）。

にもかかわらず、一旦「認知症」という名称でくくってしまうと、私たちは彼らを「認知症の人」と呼び、ご本人たちの言動が理解できない場合、「まぁ認知症だからね」と認知症のせいにして、分かった気になります。いわば、単なる名称にすぎないはずの「認知症」というカテゴリーが、個人の属性として実体化してしまうのです。

それは喩えれば、こちらで「認知症」とラベリングされた風呂敷を用意しておいて、ある人の頭からすっぽりとかぶせ、その「認知症風呂敷」に覆われて顔も見えなくなった本人を外から眺めて、「ほら、ここに認知症の人がいます。なにかよく分からないことを叫んでいますが……まぁ、認知症ですから」と言うようなものです。

認知症は、そのように周囲や社会の側から作られることもあります。

仏教では、名称が実体視されて妄執が生まれるという人間の認識につきものの危険性について、当初から自覚的でありました。

《名は一切のものに打ち勝つ。名よりもさらに多くのものは存在しない。名という唯

だ一つのものに、一切のものが従属した》
《世間は妄執によって導かれる。世間は妄執によって悩まされる。妄執という一つのものに、一切のものが従属した》

（中村元訳『ブッダ 神々との対話 サンユッタ・ニカーヤI』岩波文庫、一九八六年）

ここでは、名称というものの強力さと、そこから生み出される妄執によって人が誤った方向へと導かれる様が語られています。それは、「認知症」という言葉によって個別性を覆い隠してしまうケアのあり方に、そのまま当てはまるように思います。

多様なものをひとくくりにする「カテゴリー化」の機能は、人間の認知の根源的なはたらきです。区別し分類するというカテゴリー化ができなければ、私たちは考えることも話すことも記憶することもできません。

でも、だからこそ、それは私たちを捕える罠にもなります。専門職はその分野の知識を豊富に持ち、長年に亘って積んだ実践経験から、個別のものを一般化して理解するための枠組みを豊富にストックしています。すると、もしかすると専門職ほどこうしたカテゴリー化の罠にかかり、名称の妄執によって個別性を見失いやすいのかもしれません。

ケース16

入居者の困った行動を吟味すると介護側の都合だったりする

キシタさん（男性・八十七歳）には癖があります。手近な物を指で叩いて鳴らすという癖です。たとえばトイレをすませて出てきた時など何らかの行為が一区切りついた時に、この癖が出てきます。トントンと簡単に終える時もあるし、トントコトントン、トントン、と軽快に打つこともあります。まあ、この程度であれば「お、やってるな」くらいですむ話ではありります。

困るのは、いつからか時々聞かれるようになった猛烈ロングバージョンです。トン、トトン、トコトン、トトン、トコトコ、トントン、トン、トトン、トカトカトカトカトカトカトカトカトカ、ドドン！　トントコトントン……。

お囃子《はやし》でも始まったかと思うほどの弾んだリズムが、けっこうな音量で鳴らされます。しかもこの猛烈バージョンのお囃子は、夜間のトイレの後に鳴り出すことが多いのです。ご本人は、トイレをすませてすっきりとし、「さて、寝るか！」という気持ちで鳴らしているのかもしれませんが、深夜の静まったホームに突然響く大きなお囃子には、びっくりさせられます。他の入居者さんたちが、それで起こされることもあります。その場で「他の人が寝てるので、すみませんが……」とお願いすると、「あ、そうでしたか」とキシタさんは快くトントコを止めてくれるのですが、次のトイレの時には忘れていて、またお囃子が聞こえてくるのです。

定例ミーティングで、このキシタさんのトントコ問題が話題に上がりました。

「こういう困ったことがあって。夜中にトントンしないように、目につくところに張り紙でもしましょうか」とスタッフが提案しました。それはいいな、と私も思いました。

それに対して、出席していた代表理事の住職は、こう質問しました。

「そのトントンするので、誰が困ってるんですか？」

誰が困っているのか。改めてそう聞かれると、う〜ん、それほど誰も困ってないかもしれない……。

いや、キシタさんのお囃子の音で目を覚ます方がいます。他の人の眠りが妨げられるのはよろしくないでしょう。

とはいえ、起きてきた人もトイレに行ってベッドに戻れば、たいていはまた寝ます。中にはそのまま眠りに就くことができない方もいますが、そういう人は他の理由でも中途覚醒して寝付くことができないものです。それに、眠れなくなったご本人も、それで困っていたり不満を感じている様子はさほどないのです。

結局誰が困っているのかというと、スタッフが困っているのです。まず、起き出してきた人に対応する手間がかかります。また睡眠時間が少ないと、入居者さんたちの生活リズムが乱れ、日中の活動に影響が出ます。それは共同生活をうまく回すための「管理」の視点からの困りごとです。

三十九歳で若年性アルツハイマー病と診断され、当事者の視点から認知症についての啓発活動を行っている丹野智文さんは、著書のなかで次のように言っています。

《支援者も家族も「リスクがあるから」と言います。これから起きるかもしれない危

険、危機の可能性を回避するために当事者の行動を制限します》

（丹野智文『認知症の私から見える社会』講談社＋α新書、二〇二一年）

丹野さんの本の中には、当事者たちの声が溢れています。事故を起こさないように、本人の健康を損なわないように、周りに迷惑をかけないように。そうしたリスクを防ぐためと理由をつけられて「すべてを奪われた」。彼らはそう感じています。

私たちにしても、「それで誰が困ってるの？」と聞かれると「本人のため」とか「周りが迷惑するから」という理由で正当化したくなりますが、その実、管理に支障が出て困るから止めてほしいのが本音、ということが大半なのではないでしょうか。

ケアする側は、リスクを警戒して本人の行動を制限することには熱心でも、行動制限によって本人たちから様々な自由を奪うリスクに対しては気づいていないことが多いです。だからケアする人は、自分たちの対応の仕方が本当に本人を支援するという目的に沿っているかどうか、単なるこちらの都合で対応していないか、セルフチェックする必要があります。

社会福祉の専門用語では、援助者が自分自身の価値観や考え方を把握することを「自

郵 便 は が き

お手数ですが
切手を
お貼り
ください

105-0012

東京都港区芝大門1-3-6

株式会社 興 山 舎 行

ご住所 〒　　　ー		
	電話	
お名前（フリガナ）	FAX	
ご職業	年齢　　　歳	男・女
※住職・僧侶・寺族等の方はお差し支えなければ下欄にご記入ください		
※ご宗派	※ご寺院名	

お申し込み欄『月刊住職』のご注文にご利用ください

1974年創刊　寺院住職と仏教界のための本邦唯一の実務報道誌

『月刊住職』新規購読お申し込み欄

年間購読料 18,000円（約190頁／毎号別冊付録／送料・税込み）

月号より購読します

お願い この用紙をFAX（03-5402-6602）でもお受けいたします。

このたびは本書をご購入いただき有り難うございます。今後の出版物の参考にさせていただきたく、下記のアンケートにご協力ください。

ご購入の本の書名

●本書へのご感想・ご意見などをお聞かせください。

〒105-0012 東京都港区芝大門1-3-6
興山舎 KOHZANSHA
TEL 03-5402-6601 FAX 03-5402-6602
E-mail : jushoku@kohzansha.com
https://www.kohzansha.com/

己覚知」といいます。これは自動車教習所で受ける「運転適性検査」みたいなものです。自分自身の能力や性格を客観的に把握できていなければ、危険予測にも甘さが出て、勝手な「だろう運転」をしてしまいます。

「それで誰が困ってるの？」という質問は、管理視点の「だろう介護」をチェックするためのリトマス試験紙といえるかもしれません。

ケース17

排尿を自室のゴミ箱にしつづける入居者を受け入れるべきか

タツノマサカツさん（男性・八十三歳）は、細かいことには拘泥しない、鷹揚で度量の広い方ですが、それは反面で大雑把な性格の方ともいえます。

起床後、タツノさんが居室を出たあとには、たいていパジャマが脱ぎ散らかされ、布団が寝崩されたままになっています。その日の朝も、私はそうしたあれこれを手早く整えていましたが、ふと部屋の隅に置かれているゴミ箱に目を落とすと、中に何やら黄色い液体が溜まっていました。ぎょっとして近づいてみると、それはまぎれもなく尿で、ゴミ箱の半分くらいにまで達していました。

タツノさんには軽度の記憶障害はあるものの、そのほかの認知機能には目立った低下もなく、身体機能も年相応、むつみ庵のなかではもっとも自立度の高い方です。ただ、男性の高齢者には多いのですが、前立腺の肥大により排泄機能に支障があり、切迫した尿意や残尿感を感じやすいようです。

そのため、日中にトイレに入ることが頻繁です。用を足して手を洗うと、また催して、そのまま再びトイレに入るなんてこともあります。そんなタツノさんですが、夜のトイレの回数は、他の方より少なかったのです。ぐっすり寝入ったら尿意も感じにくいのかというくらいに理解して、さほど不思議にも感じず、なんにせよ頻尿による睡眠不足にもならずによかったと安心していたところ、まさかゴミ箱で用を足していたとは思いもよりませんでした。

それから夜間は気をつけて見ることにしました。すると朝方、タツノさんはトイレに行く際になみなみと尿を湛えたゴミ箱を携えてトイレへ入って行きました。ジャバーと注ぎ込む音がして、出てきた時にスタッフと目が合うと、手に持ったゴミ箱をサッと体の後ろに隠してしまいます。

「タツノさん、ゴミ箱におしっこ溜めるのはちょっと……。ほら、衛生面のこともありますし」とためらいがちに伝えると、タツノさんは「んー、せやねん！　寒くてなぁ、ん！」と調子を合わせた受け答えでごまかして、すすーっと横を通り過ぎて行きました。

翌日も、そのまた翌日も、タツノさんはゴミ箱の中に尿を溜め、深夜か朝方にトイレに流しにいくことを続けていました。なるべくトイレで排泄をしてもらえるよう、見かけたスタッフが声をかけても、タツノさんはそのたびに暖簾に腕押しの受け答えでかわしてしまいます。

ご本人としては夜間の寒いなか、わざわざ布団を離れてトイレまで出ていくのは煩わしい。手近でちょろっとすませてしまえるのならば、そのほうが手っ取り早いし、またすぐに寝付くことができて都合がよい、というところでしょう。

要するに「面倒やからゴミ箱でしてもええやろ」なのです。暖簾的言い訳のなかで、タツノさんはそういうことを口にしてもいました。

頻尿の原因となっている前立腺肥大については、服薬等の医療的支援が必要です（そしてタツノさんはその種の薬をすでに服用しているのですが）。とはいえ同じような排泄障害を持っていたとしても、誰もがゴミ箱に排尿するわけではありません。やはりご本人の性格や考え方に由来するところが大きいのでしょう。

しかし、本人がそれでいいと思っているのだからいいじゃないか、という問題でもありません。まだ元気に動ける人が、やむを得ない事情もなく、単に面倒だという理由からその場でゴミ箱に排尿してしまうというのは、品というか、尊厳というか、なんというか人として大切なものを損なうことになるのではないでしょうか。

スタッフの中には、そこに心理的に強い抵抗を覚える者もいました。

「ゴミ箱にするなんてありえへん。ホームとしてもゴミ箱にさせ続けてるのは、ちゃんとしたケアっていえるんかな。家族さんが聞いたらどう思う？」

そこで、ご本人がトイレに行きたがらないのであれば、室内にポータブルトイレを置いてはどうかという案も出ました。

しかし、自分が寝起きする室内に、排泄のための場所があるというのは、本来は歓迎できる事態ではないでしょう。またゴミ箱に排尿していたからといって、ではポータブルを置きましょう、との即座の解決は容易ではありますが、室内での排泄を許容することになり、ひいては今後タツノさんが夜間トイレに行くようになる可能性を閉ざしてしまうようにも思われました。

結局、タツノさんにうかがったうえで、さしあたっては尿瓶を使ってもらうことになりました。もちろんご本人はまだまだ元気なので、引き続きトイレの使用をお願いしていくのです。

私としては、尿瓶も、ゴミ箱よりはマシという程度の一時的な代替案です。それは、自立しているあいだは排泄もきちんとトイレですませるのが尊厳ある人としての姿だという価値観を、私が持っているからです。でもタツノさんが今後また夜間にきちんとトイレへ行くようになるかどうかは、実際のところ分かりません。排泄ひとつでも、利用者さんの思いと、ケアする側が描く「あるべき姿」は対立することがあります。

このように、許容できない相手の行動や態度や価値観に対して、どのように対応するべきでしょうか。

許容できないものは、無理に受け入れなくてもいい、ただし、受けとめる必要はあります。「受け入れる」のではなく「受けとめる」というのがポイントです。

ケース18

全く許容できない行動に介護する者はいかに向き合うべきか

　これまでむつみ庵にはゴミ箱に排尿する方だけでなく、自分の頭皮や手の爪をむしって隣の人が座っているソファーの肘掛けに整然と並べる方がいましたし、他の入居者やスタッフについてのあることないことを陰で言いふらす方もいました。

　社会福祉学者のＰ・バイステックは、対人援助に携わる福祉職の行動規範として「バイステックの原則」を提唱しました。彼は、逸脱した言動もありのままに認めるべきであると説いています。それが原則のひとつ、「acceptance」です。これはかつて「受容」と訳されていました。

　ありのままに認めるとか受容という言葉からは、問題的な行動や態度を「それでよし」と容認するような印象を受けるかもしれません。しかし、バイステックは「それはクライエントの逸脱した態度や行動を許容あるいは容認することではない」（フェリックス・P・バイステック『ケースワークの原則』誠信書房、二〇〇六年）とはっきりと言っています。では、ありのままを認めるacceptanceとはどういうことでしょうか。

通常私たちは、自分の衛生観念や道徳観から逸脱する行動に接すると、反射的にはねのけてしまいます。「なんでゴミ箱にしてるの⁉ 恥ずかしくないの⁉」「汚い！ なんでそんなもの並べてるの！」「許せない！ どうして陰口を言うの！」

そのように感情的に叫ぶ（思う）とき、「なんで」とか「どうして」といった言葉を使っていても、叫んでいる人は理由を知りたいと思っている訳ではありません。非難する気持ちが先に立っているため、実際にそれらの行動の理由は考えないままになっています。逆に、「かまいませんよ。それでいいんですよ」と寛大に容認する場合も、同じように行動の理由は問われないままになるでしょう。

相手の行動や態度に対して感情的に反発するにせよ、逆に容認するにせよ、すでにそこには「それは悪い」とか「それでいい」という価値のフィルターがかけられています。

どちらの場合も、なぜ本人がそうした振る舞いをするのかという理由や原因は、探られないままになっているのです。

これに対して、バイステックの言うacceptanceとは、支援する側の善悪の価値判断を入れずに、まずは事実をそのまま認知せよということです。ありのままに認めるというのはそういうことです。だから「受け入れる」というより「受けとめる」と表現したほうがいいでしょう（原則が説かれたバイステックの著作の新訳では、それまで使われてきた「受容」から「受けとめる」へと訳語を改められています）。

そのように問題的な行動や態度を「受けとめる」ということは、単に職業倫理として求められるだけではありません。それは問題解決のための最初のステップなのです。医師による治療にたとえれば、患者への診察と病気の診断に当たります。

《医師は、正確な診断を下すために患者に現れている症状を探そうとする。したがって、症状が現れることを歓迎する。（中略）むろん、医師は患者が病気であることを望んでいるわけではない。疾患の本態を正確に診断できることを喜ぶのである》

（同書）

治療のためには正しい診断が必要であり、そのために医師はまず患者を診察し、症状を的確に把握します。支援の現場でも同じです。問題解決のためには、まず問題となっている行動や態度について善悪の価値判断をせず、事実を事実として客観的に受けとめる必要があります。治療のための診察も、問題的な行動・態度の受けとめも、シンプルにいえば「くもりのない現実認識」にほかなりません。このような客観的な現実認識は、仏教の教えにも重なります。

釈尊は、『雑阿含経《ぞうあごん》巻第一五』において、素晴らしい良医（大医王）の資質について語っています。大医王とは覚った人（ブッダ）の別名です。

《大医王と呼ばれる者は、王たるべき四つの資質を備えている。一にはよく病を知っている、二にはよく病の源を知っている、三にはよく病の治療法を知っている、四にはよく病を完治させ再発させない。よく病を知っているというのは、これこれの症状はこれこれの病気であると分かるということである》

（意訳、大正新脩大蔵第二巻・一〇五上段〜中段）

患者の病気を治療することができる優れた医者は、まず患者がどのような病気であるかを正しく診断できなければなりません。

この釈尊の言葉は、「四聖諦《ししょうたい》」についての一連の教えのなかに出てきます。四聖諦とは「苦諦《くたい》・滅諦《めったい》・集諦《じったい》・道諦《どうたい》」の四つの真理を指し、初期仏教の核となる教えです。

それぞれ、「迷いの生存は苦しみである（苦諦）」、「苦しみには無明《むみょう》や渇愛といった原因がある（集諦）」、「原因である無明や渇愛がなくなれば、苦は滅する（滅諦）」、「苦を滅するための正しい実践の道がある（道諦）」ということを意味します。

「迷いの生存は苦である」という苦諦は、なんだかネガティブな教えに思われるかもしれません。しかしそれは、単なる悲観的な諦めではありません。苦しみから目を逸らすのではなく、まずは苦しみの事実を正しく見つめるということです。これは治療にあたっての診察と診断、先の釈尊の言葉でいえば「よく病を知っている」ということです。

仏教においても、医療や福祉においても、まずなすべきは問題をありのままに認識することであるといえます。それがバイステックのいう「acceptance」、受けとめるということです。相手の言動に強い抵抗感を感じてしまう時、受け入れられずとも、ありのままに受けとめる必要があります。

ケース19

彼らの苦痛の一つは非難されるのではないかという恐れです

夜中の三時に音がします。

ギシギシ、ゴソゴソという音が、二階のタバタさん（女性・七十九歳）の部屋から聞こえていました。居室をうかがうと、パジャマのズボンとリハビリパンツを脱いだタバタさんが、暗い部屋のなかをうろうろとしていました。電灯をつけると、床には水たまりのように尿が広がっています。

私は正直、「またか」と思ってしまいます。これで何度目だろうか、と。

タバタさんの排泄サイクルは一定せず、読みにくいです。就寝前にトイレに入っても、用を足す場所という認識がなく、そのまま出てくることもあります。そうすると、夜中にこういうことになります。

「なんやろなこれ、濡れてんねん」とタバタさんは言いました。まるで他人事のようです。自室で、下は裸の状態で、足元に広がる尿だまりを見ながら、どうしてそれが自分の失禁によるものだという発想にならないのだろう。

「またですか。寝る前にちゃんとトイレをすませないから、こんなふうに漏らしてしまうんじゃないですか」などということは、もちろん言いません。非難しない、否定しない、ということは、認知症介護におけるイロハのイです。利用者さんのありのままを認め、失敗があればサポートし、必要を補うのが、ケアする者の務めです。

社会福祉学者のバイステックの原則のひとつに「非審判的態度」があります。これは先に紹介した「受容」とセットになるものです。

「クライエントを援助する際に、彼らの失敗や弱さをきちんと理解することは必要である。しかしケースワーカーの役割は、それらについて審判を下し、彼らを一方的に非難することではない」（F・P・バイステック『ケースワークの原則』誠信書房、二〇〇六年）ということです。

ケアする人の役割は、理解し支援することであり、裁くことではありません。それは、よく分かっているつもりです。とはいえ、そうした理念に従いつつも、彼女を非難する気持ちがその時の私になかった訳ではないのです。それは心のなかで、小さくても確かに燻っていました。

「僕拭いときますよ。新しいのを履きましょうか」と言って、私は用意していたリハビリパンツをタバタさんに渡しました。そして雑巾を持ってきて床の尿を拭きます。雑巾を水で洗い流し、また拭きます。タバタさんはベッドに腰掛けて、それを見るともなく見ていました。私のなかで、彼女を非難する気持ちが、見えない煙のようにむくむくと充満してきます。

自分がやったことなのに、なぜ平然と見ているのだろう。他人事のように……。

そうした私の思いは、意図せず口調や動作に表れていたのではないかと思います。

「よし、これで大丈夫」と掃除をし終えた私はタバタさんに笑いかけ、ベッドに横になるよう勧めました。タバタさんは、布団に入りながら、「ごめんなぁ」と言いました。私は驚いて、「ぜんぜん、ぜんぜん！　気にすることじゃないですよ」と返しました。

電灯を消し、居室のドアを閉めるときも、タバタさんは布団のなかから「ごめんな」と言っていました。

バイステックは、こうも言っています。

《彼らの苦痛の一つは、非難されるのではないかという恐れである。この恐れの背景には、クライエントを理解する努力もせずに、しかも非難する資格のない人から、失敗を裁かれたり非難されたりした苦い経験があるだろう》（同書）

今思えば、タバタさんは自分がしたと分かっていて、だからこそ非難されることを恐れ、他人事のような態度をとらざるをえなかったのかもしれません。私は本当なら、彼女にあんなことを言わせてはいけなかったはずです。

けれど恥ずかしいことに、謝罪を聞いて、私は自分の心がスッと晴れるのを感じました。

なんだ、私は彼女に謝ってもらいたかったのか。その失敗を裁いて、責めて、反省のひとつでもしてほしいと思っていたのか。なんのために？

「ごめんな」と言われて、その時の私の心は晴れました。しかし、燻《いぶ》された部屋から煙が消えても臭いが残るように、私の心には非難の悪臭が染みついているようです。非難することは決してケアにはなりません。それは分かっています。にもかかわらず、私は裁き、非難したくなります。

それは、自分自身の落ち度を見ないようにするためなのかもしれません。就寝前に排泄ができていなければ、夜間のトイレへの誘導をいつもより早めにすればいい話で、今回の件は適切なタイミングでケアを行わなかった私の失敗でもあります。ですが相手の失敗を非難していれば、相手にだけ責めを負わせ、自分の落ち度には目を向けずにすみます。

《他人の過失は見やすいけれども、自己の過失は見がたい。ひとは他人の過失を籾殻《もみがら》のように吹き散らす。しかし自分の過失は、隠してしまう。――狡猾《こうかつ》な賭博師が不利な骰《さい》の目をかくしてしまうように》

（中村元訳『真理のことば・感興のことば』岩波文庫、一九七八年）

狡猾な賭博師は、きっと籾殻を吹き散らしながら骰の目を隠してしまうのでしょう。

第3章

ケアすることでケアされる学び

ケース20

認知症の人でも喜びの表現や笑いはみんなと共有できます

私たちはケアを提供する立場ですが、ケアを受ける入居者さんたちから学ぶことが多くあります。コミュニケーションについて、生き方について、人としての尊厳について。そうした学びは、ケアの糧でもあり、楽しみでもあります。

次の会話は、ある日の夜に入居者のオオシマさんとタガミさんとのあいだで交わされたものです。

オオシマ「あ、明日役員会じゃなかった？」

タガミ「え？」

オ「ナンバラさんとか来るやろ」

タ「ああ、そうそう」
オ「準備もせなならんしな」
タ「そうなの。破れてるわけじゃないんでしょ？」
オ「え？　テガタ？」
タ「ほら、これ（自分の服の胸元をつまんで）、大丈夫なんでしょ」
オ「ああ、うちのが？」
タ「そうそう、ご主人がね。私らはもう帰るからね。帰ってからね、用意しとかんとね」
オ「なあ、出かける前になんやかやとせなならんから」
タ「そうなの？　そうね」
オ「文句言わんだけええと思わんとな」
（ふたりで、あっはっは、と笑う）
食い違っているのに妙に噛みあった、不思議な会話です。
タガミさんは、夫と共働きをしていて、定年まで事務職を勤め上げた女性です。オオシマさんが「テガタ?」と聞いているのは、「手形」のことでしょう。いっぽうのタガミさんは、専業主婦として夫を支えつづけてきた方です。タガミさんは、衣服の裁縫のことを話しているのかもしれません。

オオシマさんもタガミさんも、相手の言っていることを正確には理解していないようです。どちらも適当に相手に合わせたり、自分の文脈に引き寄せたりして、話を続けています。彼女たちのあいだでは、何も有益な情報は交わされていません。それにもかかわらず、これはまぎれもないコミュニケーションだと思えます。実際に横で聞いていると、朗らかな空気のなか笑みを浮かべたふたりの掛け合いは、ごくごく自然に流れていきました。しまいには声を合わせて大笑いになっています。

以前、NHKスペシャル『ヒューマン なぜ人間になれたのか』(二〇一二年放送)という番組を見たとき、印象に残った場面があります。

イラク戦争の時のこと。イラクに入ったアメリカ軍の一師団が、交渉のために地元の有力者である宗教指導者を訪れようとしていました。けれど地元住民のなかから「彼らは聖職者を殺しに行くのだ」という声が上がり、大変な騒ぎになったそうです。群衆はアメリカ軍を取り囲み、石を投げ、拳を高く上げて抗議しました。司令官であったクリストファー・ヒューズ大佐は、群衆を鎮めるため威嚇射撃の用意をしていましたが、思いなおして、部下たちにこう命令しました。

Smile! Everybody, smile!（笑顔だ！　みんな、笑うんだ！）

兵士たちが笑顔をつくると、場の空気が変わりました。群衆が兵士たちに微笑みを返したのです。映像では、兵士たちをその場にしゃがませているのも確認できます。ヒューズ大佐は、笑顔と身ぶりで、自分たちはイラクの人々に敵対するつもりはないと示しました。そしてそれは通じたのです。混乱は収束していきました。のちのインタビューで大佐は、世界中、言葉の壁があっても笑顔が通じなかったことはないと話しています。言語、文化、民族や宗教が異なっても、笑顔には壁がないのです。

それは、認知症を持つ人の場合も同じです。認知症になると、言語の理解力だけでなく、表情・身ぶり・声のトーンや抑揚といった非言語情報を読み取って適切な応答を行う「社会的認知」という能力も低下します。相手の態度から心のなかを推察することが難しくなります。しかし、認知症を持つ人でも、相手の喜びを認識する力だけはよく保たれるといいます（佐藤眞一『認知症の人の心の中はどうなっているのか』光文社新書、二〇一八年）。

喜びの表現や笑いは、たがいに害する心なく、ともにいることができるということを示します。オオシマさんとタガミさんは、にこにことして、たがいに聞き返し、「そうそう」と同調します。表情と身ぶりで「あなたの話を聞いている」とメッセージを発し、愉快なポイントを探り、読み取ろうとしています。だからこそ、ともに笑うことができるのです。

笑顔での呼びかけと応答によるこうしたやりとりは、情報を交換するためのものというより、ともにいる場を共有するための、原初的なコミュニケーションです。アメリカ軍の兵士たちとイラクの人々とが、あの場を共有したように。

『無量寿経《むりょうじゅきょう》』上巻には、「虚偽諂曲《こぎてんごく》の心あることなし。和顔愛語《わげんあいご》にして、意を先にして承問す」とあります。偽ったりこびへつらう心なく、顔は柔和で親しみやすい言葉を使い、相手の心を汲み取る、という意味です。極楽浄土を建立しつつある法蔵菩薩（のちの阿弥陀仏）の様子を表しています。

私たちには、仏や菩薩のように、まったく裏表なく完璧な和顔や愛語をなすことは難しいかもしれません。しかし、ただ相手の言葉を受けとめ、ともにいる場を共有しようとすることはできます。有益な情報は必ずしも必要ありません。笑顔での呼びかけと応答でいいのです。先に挙げたふたりの会話も、突き詰めればこういうふうになるでしょう。

おーい。はいはい。いやいや、まったくねぇ。ほんとに。あっはっは。

ケース21
認知症の無邪気な自由さは俗世間の縛りを超えて尊くもある

「ボケるなら、こういうふうになりたい」と思わせる人が、認知症高齢者のなかにはときどきいます。社会的な規範や役割といった「あるべき姿」から離れ、他人のことには無頓着で、自分自身へのこだわりもない、そういう人です。

サクラさん（女性・八十五歳）は、私がむつみ庵で働き始める前から入居されていた方です。大阪に長く住んでいましたが、もとは九州の出身です。「にいちゃん、なんしょっとね」と方言で話しました。サクラさんはよく歩きました。ホームの中でも、外でも、いつも手を後ろに組んで、すたすたと歩いていました。

先にも書きましたが、認知症のある人が歩き回るときには、何らかの理由があることが大半です。だから介護業界では、「徘徊」という言葉は、最近あまり使われなくなりました。

しかし、サクラさんの巡り歩きは、まさに徘徊と呼んでもいいような当てのないものでした。「どこか行きますか?」と声をかけても、「はいはい、よかよ」と適当な返事をして、サクラさんは歩き続けました。「あたしはあんたを好いとうばい、好きやとばってん言われんたい♪」と、少し歌詞の変わった『おてもやん』を歌いながら、どこへ行くともなく、それでいて一直線にどこかへ向かうかのような足どりで、室内をうろつきます。途中、棚の上にティッシュの箱を見つければ掴んでポイッと畳に投げ落とし、ガラス戸を見ればガタガタとひどく揺さぶって、気が済んだら、またすたすた。一巡りして、もとの場所に戻ってくると、再び同じコースを回りだし、同じことを繰り返します。ホームの庭が広いので、外を自由に歩いてもらうこともありましたが、そこでもやはりずんずん進んで行って、木の葉をちぎったり、土を掘り返したり、疲れがくるまで飽きずにやっていました。そうした自由奔放さは、まるで小さい子どものようでした。尿意をもよおせば、その辺りにしゃがみこんで排尿します。

排泄物に対して抵抗感がなく、部屋の壁一面に便をなすりつけていたこともありました。「うおぉぉぉ……」と言って呆然とする私にサクラさんがにこにことして言ったのは、「にいちゃんもするか？」

近代社会における人間のモデルは、「自律的な個人」です。つまり、自己決定、自己コントロールのできる人ですね。発達のプロセスとしては、青年期にアイデンティティを確立し、壮年期には社会のなかで責任をはたし、老年期には人格を統合・成熟させて老いや死を受容していく。そういうふうに個人として「自分らしさ」を保ち、自分自身をきちんとコントロールして、最後まで成長させていく、というのが私たちの社会における「理想の歳の重ねかた」ということになっているのではないでしょうか。介護研修などでは、個人の人格の尊重が教えられ、「最後までその人らしく、誇りをもって人生を完成させる」ためのサポートをするのだといわれます。

サクラさんの言動を見ていると、とても自律的であるとはいえないし、もう個人としての自分を捨ててしまったかとさえ思われました。現代のものさしで見れば、そういう姿は「呆」とか「愚」とか「狂」というネガティブなイメージでのみ捉えられてしまうでしょう。ですが、かつてそれは「聖」なるものでもあったのです。

歳をとり子どもに返ったかのようになることを、「老いて再び稚児になる」とか「六十の三つ子」とことわざにいいます。それは、昔から人々が経験的に知っていた、老いのひとつの姿なのでしょう。生まれ出て、社会で生きて、またゼロになる。子どもから老人へ、老人から子どもへという円環的な生命観です。神話や民話、物語の中でも、老人と子どもはセットで登場することが多く、時に相互に入れ替え可能な役割を負っています。この老人と子どもに共通するイメージについて、宗教学者の鎌田東二は次のように言っています。

《繰り返しの秘密と崇高さを知っている老人と子どもとは、どこかみな似かよっている。そこには個性以前の、いや個性以上の何かがある。その個性以前の何かとは、生と死の未明の境界から現れでるものかもしれない》

（鎌田東二『翁童論 子どもと老人の精神誌』新曜社、一九八八年）

飽かずに同じ遊びを続ける子ども、同じ話を繰り返す老人、彼らは社会や世間つまり「こちら側」とは別の、異界に近い存在という訳です。「七歳までは神の内」という言葉もそれを指しています。

どこを見ているか分からない、キラキラとしたサクラさんの眼を見るのが私は好きでした。現世の価値から離れ、規範や役割から自由になり、個人という枠を脱して、恍惚に遊ぶ人の眼。俗世間の縛りを軽やかに飛び越えるサクラさんのあの無邪気な自由さは、確かに尊さを感じさせるものだったと思います。個人の尊厳というよりは、「個性以前の、いや個性以上の何か」の尊さです。

「大愚《たいぐ》」と号した良寛は、「こどもらと手まりつきつつ此の里に遊ぶ春日はくれずともよし」と詠み、法然は「浄土宗の人は愚者となりて往生す」と親鸞に語ったとされます。そうした「愚」のありかたは、世間的な愚かさというネガティブな意味では捉えきれません。賢しらな人知を飛び越え、聖性をおびた「愚」なのではないでしょうか。

ケース22
やってあげることもやってもらうことにもこだわらない介護

宗教学者の釈徹宗《しゃくてっしゅう》（このむつみ庵の運営法人の代表理事でもあります）は、「お世話され上手」な人は「こだわりのなさ」という共通点を持っていると言います（釈徹宗『お世話され上手』ミシマ社、二〇一六年）。前述のサクラさんは、まさにそういう人でした。そういう方をケアしていると、逆に自分自身がケアされたと感じることが多くあります。

ハセさん（女性・八十六歳）は、アルツハイマー型の認知症のため一人暮らしが難しくなり、ある年の秋の終わり頃にむつみ庵へ入所されました。サクラさんとはタイプが違いますが、彼女もお世話され上手な方でした。

穏やかで、淡白な性格ではあるものの、はじめから誰とでも気さくに話をされていました。記憶障害のため、どうして自分がここにいるのか分からず、スタッフに尋ねることがよくありましたが、説明すると「そうだっけ」とすんなりと聞き入れてくださいました。

しばらく穏やかに暮らして年を越したのですが、正月明けに体がしんどいと言い、受診したところ大動脈弁狭窄と診断されて入院となりました。一カ月近くたってホームに戻ってきたときには、げっそりと痩せていました。

病院からは「二、三メートルの歩行はできます」と聞いていたのですが、歩行はおろか立つことも、座った状態を保つことさえできなかったのです。二階の居室にも上がれないので、皆さんが日中過ごしている居間の隣の仏間にベッドを下ろしました。ここならスタッフもすぐに見に来られるし、ふすま越しに人の気配も感じられます。ご本人の希望をうかがった上で、ふすまを開け放して皆さんと一緒に過ごしてもらうこともありました。

寝たきりになったベッドの上で、「私どうしてここにいるんかな」とハセさんは聞きます。大きな病気をしたからしばらくここで休んでいるんですよと私が答えると、「そうなの。早く元気にならないとね」と弱い声で返しました。元気になろうという思いはあったのでしょう。ですが、食事や水分をほとんど摂ろうとせず、体力は回復しませんでした。ゼリーなどを三口ほど食べると、「もういいや。ありがと」と残してしまいます。もう少しだけね、と勧めると、「じゃ、一口。うん、ありがとう」

ハセさんは、ことあるごとに「ありがとう」と言っていました。受ける介助のひとつひとつに、お礼を言うのです。

ゼリーを口に運んでも、ふすまを開けても、ハセさんは穏やかで心のこもった「ありがとう」を言います。オムツに出ている便の処理をしてもらっている時でも、「ごめんねぇ」と詫びつつ、「ありがとうね」とか「ありがたいわ」と普段と同じ調子で何気なく、とても自然に言うのです。

川端康成の掌編に『有難う』という作品があります。この短い小説に出てくる主人公は、人々から「有難うさん」と呼ばれています。どんな時も、誰に対しても、ありがとうと言うからです。人だけでなく、動物にも言います。川端はその主人公の様子を「真直ぐな杉の木のように素朴で自然である」と表現しています（川端康成『掌の小説』新潮文庫、一九七一年）。ハセさんも、同じように素朴で自然でした。

ハセさんに礼を言われたとき、私は「こちらこそです」と返すようになりました。お決まりの礼儀として言っていたわけではありません。ケアをしてハセさんに「ありがとう」と言ってもらうと、私自身がどこか彼女にケアされているような気がしたからです。

自分は何もしてあげることができず、人にしてもらうばかりだとしたら、負い目を感じてしまって感謝よりも先に申し訳なさが立ちそうです。私ならきっと謝ってばかりいると思います。

ハセさんには、そういった気兼ねや屈託はありませんでした。かといって、やってもらって当然と思っているわけでもない。彼女の言葉には、温かみがありました。ハセさんの「ありがとう」は、ケアされたことへのお礼の言葉ではありましたが、それ以上に、身体がきれいになったとか、寂しさがなくなったとか、そういうふうに心身が満ち足りたとき、自然と口をついて出てくる言葉のようでした。やってあげるとかやってもらうとかの区別へのこだわりがなく、返報というよりは充足の表現だったように感じます。

世話された植物は、お世話されたお返しに花を咲かせるわけではありません。ただ条件が整って花を咲かせるだけです。でもそれを見て、人は喜び、癒されます。ハセさんの言葉にも、自分ができないことや他者にしてもらうことにこだわらない清々しさがあり、ただ満ち足りたことから自然とこぼれ出た言葉の美しさがありました。その清々しさ、美しさに、私は自分がケアされたと感じていたのだという気がします。

大乗仏教では、布施（施し）について三輪清浄《さんりんしょうじょう》を説きます。

《若し菩薩摩訶薩、布施を行ずる時、三輪清浄なるべし。一つには、我、施者となすに執せず。二つには、彼、受者となすに執せず。三つには、施、及び施果に著せず》

（『大般若波羅蜜多経』初分浄道品　大正新脩大蔵経第五巻・四二四下段）

つまり、「オレがあげてるんだぞ」と自分が施す者であることに執着せず、「あの人には施したくないな」とか「この人だったら施してもいいな」というように受け取る者に執着せず、「これはあげたくないな」とか「これを施したらお返しがあるかな」というように施す物や施しの結果に執着しないということです。

これは与える側だけでなく、受ける側にも当てはまるのではないでしょうか。自分が与えられないこと、与えられるばかりであることに執着せず、ただ感謝をもって受け取る。それはなかなか真似できない姿です。執着せずに与えることは難しいけれど、執着せずに受け取ることも同じくらいに難しいと思います。

だから、そのようにこだわりなくありがたく受け取る姿を示すことは、それ自体がひとつの布施なのだと思います。ハセさんはそういう姿を布施してくださったと思います。

ケース23

ケアすることで介護者もケアされる気持ちになるのはなぜか

「ありがとうの達人」ハセさんのことを紹介しました。彼女がこだわりなくケアを受け、感謝する姿に私は感銘を受けました。そして彼女のケアをしながら、自分自身がケアされている感覚を持ちました。

仮に相手からお礼の言葉を言われなかったとしても、こうしたケアされ感を、介護者たちは実は日々実感しているのではないかと思います。

つねづね、ケアは能動態だけでは成り立たないと感じています。

たとえば、便秘の利用者さんの排泄ケアをしている時。肛門に便が顔を出しているのに、それが蓋をしているようで、出てきません。摘便は医療行為にあたるため介護職にはできないのですが、なんとかしなければいけません。出かかっているのに出しきれないのは、息が詰まったような感じです。ご本人も苦しそうにしています。

お腹に「の」の字を描くようにして軽くマッサージしたり、「いち、に、さん」の掛け声で一緒にいきんだり、肛門に挟まった便を取り除いたり、直腸のあたりを外から押して便の形を変えてみたりと様々に試します。すると、ようやく大きいのが一本、ズドン。

こういう時、介護者は心からスカッとします。まるで自分が溜め込んでいたものを出したようにすっきり爽やか。「いやぁ、よかったねぇ、すっきりしたねぇ」と声をかけ、ご本人も「よかったね、よかったね」と晴れ晴れとした顔を見せます。一緒にハイタッチでもしたい気分です。

この爽快感は一体なんだろうと考えてみると、単に排泄を成功させた達成感や、自分が役に立ったという自己有益感だけから来るものではないと思います。むしろ、もっと身体的なものです。ケアを受ける利用者さんの身体から発せられる波長に、私の身体が響いて、心地よさを感じる。そんな感じです。

朝に利用者さんを起こし、温かく濡らしたタオルで顔を拭く時、貼りついた目やにを拭って、頬、鼻の脇、口の周りと拭いていきます。目やにで閉じていた眼がぱっちりと開き、頬がピンク色に上気してくるのを見ると、自分の顔がさっぱりした感じがするものです。

あるいはまた、体調不良で食事も喉を通らない、水分も摂ろうとしない方が、どうにか口に含んでくれる時。乾いた糊のようにパサパサになった唇をすぼめて、スプーンに載ったゼリーを一口チュッと吸い、お茶をこっくんと小さく音を鳴らして飲む。そうすると私のほうでも、なんだかきれいな水で喉が潤されるような心持ちがします。

相手の身体に皮膚レベルで共鳴する。そういうことが確かにあります。

親しい人がケガをして痛がるのを見ると、自分もなんだか痛みを負ったような、たまらない気持ちになりますよね。表情も自然と歪んでしまいます。

この時、自分の脳のなかでは実際に痛みの中枢部位が活性化しているといいます。このような痛みや喜びといった情動の伝染は情動的共感と呼ばれ、ラットなど人間以外の哺乳類でも確認されています。かなり原始的な共感能力ですが、おもしろいことに、このタイプの共感は、無関係な相手や敵に対しては、立ち上がらないのだそうです（『岩波講座　コミュニケーションの認知科学　第2巻』岩波書店、二〇一四年）。

ケアはとにかく距離が近いです。相手の肌の産毛が見えるところまで顔を近づけたり、さすったり、抱えたり、ほとんどゼロ距離なのです。もちろん、それを単なる作業として機械的に行うことはできます。しかし、真剣にケアをすれば、相手の身体に表れるミリ単位の変化に念入りに意識を注ぎ、それによって自分の身体は部分的に相手へ同化します。そのような深い関わりを、看護学者のヴァージニア・ヘンダーソンは「相手の皮膚の内側に入り込む」と表現しています（ヘンダーソン『看護の基本となるもの』日本看護協会出版会、二〇一六年）。

新型コロナウィルス感染症拡大の状況下のケアの現場で、心配なのはそこでした。ホーム内で感染者の発生は、なんとしても防がなければなりません。その対策によって、触れ合いが減る、距離が遠くなる、ということが起こります。そうなると互いの感覚を共有することは非常に難しくなります。それは、利用者や患者にとってはもちろん、ケアする人たちにとっても大きなダメージになっているはずです。

なぜなら、ケアすることで、私たちは癒されてもいるからです。そのように語る医療・介護の専門職は少なくありません。自分がケアする相手からも、実はケアされている。それは、深いかかわりによって、相手の皮膚の内側に入り込み、その身体に共感することから来ます。

『維摩《ゆいま》経』では維摩居士《こじ》が、「一切衆生が病むから私も病む。一切衆生の病がなくなれば、私の病もなくなる」と言っています（『維摩詰所説経巻五』文殊師利問疾品　大正新脩大蔵経第十四巻・五四四中段）。とんでもない共感力です。維摩居士によれば、この病は菩薩の大悲から起こるのだといいます。普通の人は、それほどの大悲心を持ち合わせてはいません。しかし、目の前にいる一人の人と触れ合い、まなざしを交わし、心を通わせることはできます。皮膚で吸い込むように、相手の痛みや喜びを感じることができます。

誰かをいたわり、気遣い、お世話するという経験、あるいは誰かにいたわられ、気遣われ、お世話されるという経験を、私たちはお互いにやり取りしあって、共有しています。ケアは、単にサービスの提供ではなく、経験の共有でもあります。

ケース24

ケアすることでケアされるという本当の意味と実践を問う

ケアを「大切にすること」と読みかえて考えてみましょう。

大切にするというのは、自分以外の誰かに代わってもらうことができません。自分にしかできないのです。しかし同時に、自分の意志によって行われる能動的な行為とも言い切れないところがあります。

「大切にする」という言葉は文法上は他動詞の能動態です。しかし、この言葉には、他動詞の能動態では十分に表せない面があります。

そこで注目したいのが、中動態です。

中動態とは、古代ギリシア語やサンスクリット語で多く用いられた、能動態とも受動態とも異なる、別種の態です。「する・される」という能・受の関係では表現できない事態を、中動態は表していたとされます（國分功一郎『中動態の世界　意志と責任の考古学』医学書院、二〇一七年）。

現代の日本語文法における態の区分に中動態はありませんが、中動態に似た表現は存在します。

たとえば、「鐘の音が聞こえる」という文です。

これを、「私」を主語にした能動態で「私が鐘の音を聞く」と言うこともできますが、ふつうはあまりそういうふうには言わないでしょう。「私が聞く」と言うと、私が意図的に耳をそばだてて聴いているような印象を与え、ちょっと違和感があります。かといって、逆に「鐘の音が私によって聞かれる」と受動態で表すのは、なおさら不自然です。

「鐘の音が聞こえる」という文で表されているのは、どこかでゴーンと鳴った鐘の音が、私の意志に関係なく、自然と私の耳に届いてくるという事態です。私は「聞こう」という意志をわざわざ起こして鐘の音を聴くわけではないし、鐘の音は私だけに聞かれるわけでもありません。ただ、「聞こえる」という事態は、たしかに私という場において、私を巻き込んで、成り立っています。

「大切にする」ことも、これに近いのではないでしょうか。

もちろん「私が」大切にするのですが、その思いは私が意図的に起こすものではありません。相手のかけがえのなさがいつのまにか私のなかに宿っていて、「大切にしたい」という思いが自然と芽生えます。

「私が聞く」のは、音が自然と「聞こえてくる」からであり、「私が大切にする」のは、相手のかけがのなさや相手への思いが私のなかに「自然と宿る」からです。音なしに聞くことはなく、私が大切にするということも、相手のかけがえのなさを抜きにしては成り立ちません。

これに関連して興味深いのは、フロイトの弟子であった精神分析家のポール・フェダーンが、自己愛（ナルシシズム）の原初的なかたちは中動態であると言っていることです。自己愛というと、「私が私を愛する」ということですが、フェダーンによると、そういうふうに「私が」とか「私を」のような主体と客体が明確に意識される前の根本的な自己愛があるというのです。それはフロイトも言っていることなのですが、フェダーンはその原初的な自己愛が、能動態や受動態ではなく中動態のあり方をしている、と考えたのです。

日本の精神分析学者の小此木啓吾は、このフェダーンの説に注目しつつ、他者を愛することの根底に自己愛があると言っています（小此木啓吾『自己愛人間』筑摩書房、一九九二年）。

フェダーンや小此木に倣えば、大切にするということも、「私が」という主体と「〜を」という客体の区別や、する・されるという能動受動の区別が際立つ以前の、未分化な働きとして立ち上がってくるものである、といえそうです。

私たちは、自分にとってかけがえのないものを大切に扱う時、その対象をかけがえのないものとしている自分自身をも大切に扱っているのです。

ケース25

ケアする側とケアされる側との同一化に巻き込まれるリスク

前のケースにおいて「大切にすること」は中動態的だと説明しました。この意味でのケアは、かなり純化されたものです。

私から相手へのケアの働きかけが同時に私自身へのケアにもなる、というほどの濃い関係は閉鎖的でもあります。またそこでは、ケアする側とケアされる側との同一化が起こっています。

そしてこれが、ケアに潜む大きな危険性の要因でもあります。

相手を自分と同じ存在と見なし、相手を守り育むことが自分を守り育むことにもなるから、私たちはそこに多大なエネルギーを投入してしまいます。

閉鎖的な関係で、相手への思い入れや相手と自分との同一視が過剰になると、ケアする側の態度は、「私がいなければ」という行き過ぎた責任感や、「あなたは何もできない」という本人の自律性の軽視、「だから私の言うとおりにしていればいい」というパターナリズムに陥ってしまいます。

そのようにケアする人が強くケアされる人が弱い関係が固着してしまうと、共依存の状態から最悪の場合には虐待へとつながる恐れもあります。逆にケアする側の立場が弱い共依存関係もあります。その場合、ケアする側が消耗してしまうバーンアウト（燃え尽き症候群）や相手からの暴力や暴言が起こりかねません。

ケアは、パターナリズムや共依存、虐待やバーンアウトの最大の温床でもあるのです。こうした問題的な事態は、必ずしも異常なことではありません。ケアが自愛と他愛の重なり合いである以上、誰にでも起こりうることだと思います。

臨床心理士で真宗大谷派の僧侶でもある坂井祐円も、こうしたケアにおける負の連鎖について指摘し、「うまくいっていると感じられるケアの関係であっても、そこにはすでに陥穽《かんせい》が潜んでいるのである」と警鐘を鳴らしています（坂井祐円『仏教からケアを考える』法藏館、二〇一五年)。

車を運転すれば事故を起こしたり巻き込まれたりするリスクがあるのと同じで、ケアにかかわるならば、このような事態を起こしたり巻き込まれたりするリスクがあります。

誰にでも起こりうることだからこそ、防ぐ方法を考えなければなりません。どうすればよいでしょうか。

ひとつには、前章までに述べたように、相手を知り、自分を知ることでしょう。距離をとって相手の個別性を尊重し理解するとともに、自分自身についても距離をとって眺めること。

もうひとつは、「ケアする」と「ケアされる」という関係性を閉じたままにしないということです。そのヒントになる事例を次章でご紹介していきます。

第4章

介護者に都合のよい方法などない

ケース26

ケアには専門家だけでなく通りすがりの人も助けになる事実

ケアには人が必要だ。と言うと、実際の介護を行う人、施設であればケアスタッフが思い浮かびます。彼らは、支援を必要としている人（要支援者）が日常生活を安心して送れるように、身体や認知のはたらきをアシストし、安全を守ります。そのようなケアする人だけでも、介護の実務はひととおり回すことができます。でも、それだけでは十分ではありません。ケアする人とケアされる人、そこに別の第三者が必要です。

極端な話、通りすがりの人であっても、その場のケアのキーパソンになりえます。

むつみ庵に仮入居したばかりのオオツキさん（女性・七十七歳）は、帰宅願望が強くありました。その日も終始不安そうに、いつ帰るの、迎えがくるのとスタッフに尋ねていましたが、ついには自分で出口を探し、敷地の外へ出てしまいました。こういう時は一緒に歩きながら気分が変わるのを待つのが常套なので、私は庭を散歩することを提案しました。が、オオツキさんは帰るの一点張りで、一直線に門を抜け、坂道を下って行きます。健脚で歩くのが速いです。呼びかけても耳を貸さず、ずんずん進んでいきます。走って追いつき肩に手をかけると、「いい加減にしな！　警察呼ぶよ！」と、ものすごい形相で叫ばれてしまいました。

オオツキさんにしてみれば、私は彼女が家に帰るのを阻んでくる危ない奴なのです。どうしたらいいのか分かりません。

ちょうどそこへ、老夫婦が通りかかりました。お寺の法要にも毎回参加している門徒さんです。旦那さんのほうが、どうしたんと声をかけてきました。

オオツキさんは、「この人がねぇ、どっか連れて行こうとするんですよ。おかしいよ、この人」と、おかしい、変だよ、気味が悪い、などさんざんな言い様で私を変人扱いして、オオツキさんは自分の窮状を老夫婦に訴えました。旦那さんは、一通り話を聞いて「そうかぁ、大変やな。わしらが付いてってたろか。あっちやでぇ」とホームの方向を指しました。元来た道なのですが、オオツキさんはおそらく地獄に仏の気分、もう相手を全面的に信頼したようで、助かるわ！　と言って旦那さんの後ろをついていきます。とまどう私に、奥さんが小声で「にいちゃん、むつみ庵やろ、まかせとき」と言いました。

オオツキさんは、ホームの門まで戻ってくると、ここよ、ここよ、と喜んで、私と一緒に夫婦を見送りました。そして、なぜか私に「あんたもしっかりしなよ」と小言を言って、玄関に入って行きました。

私には、ケアスタッフとしてオオツキさんの安全を守る役目があります。しかしオオツキさんには、自分の自由な行動を阻止しようとしてくる不審者と映っていました。それぞれの見方がずれたまま、二人の関係は固着してしまっていたのです。

互いの関係がわだかまってしまって、にっちもさっちもいかない、ということがあります。特にケアにおいては、ケアする人とケアされる人という関係が固着してしまいやすいです。そういう時、このケースの老夫婦のような第三者のかかわりがあると、状況が動くことがあります。

ケアは一人ではできません。また複数であっても「ケアする人」という同質の集団だけでは不十分です。ケアに必要な人というのは、ケアを提供する人だけでなく、ケアの外部から時々顔をのぞかせる第三者も含みます。なるべく多様な立場の人がいて、なるべく多様な関係が結ばれていたほうがいいでしょう。

全員が直接ケアに携わっている必要はありません。なにか問題が生じたときに力を貸してくれる第三者につながることができればいいのです。外部の人は、ケアについては素人であっても、潜在的な人的資源であるといえます。

ケース27

施設に入居する人と人との関係を知ることで分かるケア

「ご飯まだかいな」

居間でくつろいでいた入居者のタツノさんが、スタッフに声をかけました。お昼はすませたばかりです。歯磨きをして、午後のアクティビティまでゆっくりと過ごす時間でした。「お昼は食べましたよ」とスタッフが返しますが、ご本人は納得しない様子です。

「わしは食うてへんな」

「ほら、さっきみなさんいっしょに。カレイの煮つけ、タツノさんおいしいって言って……」

「いや、食べてへん。あんた、食べたか?」タツノさんは隣の方に尋ねます。

「食べてませんなぁ」

「あんたは？　どうや？」また別の方に尋ねると、同じように「いえ、食べてません」と返ってきます。「あんたは？」「まだやなぁ」他の方も口々に食べてないと答えました。勢いを得たタッノさんは「ほれ、なぁ！　わしら食べさせてもろてへんで」と得意顔で言います。スタッフはなおも説得を試みますが、なにしろ多勢に無勢なので誰も聞きません。その時、少し離れて新聞を読んでいたコジマさん（男性・八十三歳）が声を張り上げました。

「何言うてんねんな！　みんな食べたわ！」

すると、口を揃えて「食べてない」と言っていたみなさんが、「せやったかな」「食べたかぁ」「そうでしたかしら」「食べた気もするな」と、なんだか泡が弾けていくように主張を翻していきます。まさに鶴の一声。

コジマさんは「忘れてんのかいな」とボソッと呟いて再び新聞に目を落とし、他の方々もさきほどと同じようにテレビを見たり、雑誌を読んだりなど思い思いのことを始めます。こうして午後のささやかな集団異議申し立てはお開きとなり、ただスタッフの「こちらが何言っても聞いてくれなかったのに」という苦笑だけが残りました。

グループホームは共同生活の場なので、住んでいる人たちの人間関係が大切です。入居者どうしで馬が合うとか反りが合わないとかもあるし、それぞれに上下の立ち位置が決まってくることもあります。そこは一般の人間関係と変わりません。三人寄れば社会ができます。

認知症高齢者どうしの人間関係が独特なのは、長く一緒に暮らしていても、「顔見知り」程度の間柄が続きがちなところです。これは男性に多い傾向だと思います。もちろん気が合って特に仲がよくなる方々もいますが、多くは「そこそこ知っている関係」が、さほど変化もなく続きます。

毎日顔を合わせるので見知ってはいるのです。朝は挨拶を交わし、隣に座っていれば楽しく会話もする。レクリエーションではみなさん笑い合って興じる。けれど、互いの名前は知らない。そういう関係です。おたく、あんた、君、そちら、と呼び合っていて、スタッフが他の方の名前を挙げても多くの人はピンときません。元の職業、出身地、経歴など深い情報はなおさらです。

認知症による短期記憶の障害のために、会話のなかで相手のことを詳しく知っても、時間がたてばその会話ごと忘れてしまうということもあります。そもそも「ここで長く暮らしている」「これからも暮らしていく」という認識がない場合には、他人のことを深く知る必要性も感じにくいのではないでしょうか。行きつけの店やかかりつけの病院でよく顔を合わせる人、というくらいの認識なのかもしれません。

しかし、このように一定の距離を保っている彼らも、さきほどのエピソードのようにある種の団結を見せることがあります。タツノさんは「わしら」と言っていました。それはスタッフとのあいだに見えない一線を引く言葉であり、ご本人たちどうしの淡い連帯感を感じさせる言葉でもあります。

「食べてない」の一点張りだったみなさんがコジマさんの言葉をすんなりと受け入れたのも、単に声の大きさのためではなく、それが同じ「わしら」の一人から発せられたものだったからなのでしょう。

こうしたことは、しばしばあります。別の日には、スタッフが止めるのも聞かず「帰らなあかんねん」と焦って玄関に向かおうとしていた方が、タツノさんから「まぁまぁ、今日は泊まらせてもろたらええやんか。ゆっくりしていき」と声をかけられて、「ん〜、ほならそうさせてもらおかー」と落ち着きを取り戻していきました。

これはスタッフにはできないケアです。スタッフと入居者が向き合えば、やはりそこにはお世話する／されるという関係が生じます。それが一線を引かれる理由でもあるのでしょう。なかなか「わしら」の一員にはなれません。

入居者どうしのケアは、お世話するとか介助するというほど大げさなものではありません。ただ適度な距離を保って、互いに気遣い、教え、譲り合う。挨拶を交わし、席を勧める。ささいなものです。そこには、する／されるという関係も、濃密な感情の結びつきもないかわりに、お互いの存在を「横目で認め合っている」といえるような、緩やかな仲間意識があります。

適度に他人、ときどき身内、それくらいの付かず離れず支え合う間柄だからこそ、互いに言うことを聞き入れやすいのではないかと思います。

ケース28

介護者に都合のよい方法なんてないのが分かるパッチングケア

ケアは、「与える」「提供する」という働きかけとして語られがちです。しかし、ケアする人の働きかけだけがケアではありません。なりゆきのケアというものもあります。

タガミさんの認知機能が低下し、こちらの言葉かけを理解することが難しくなってきたころのことです。それまでは、たとえば「歯磨きに行きましょう」と声をかけると、「歯磨き」というのがどういうものかは理解していない様子ではあったものの、スタッフのジェスチャーなどから、どこかへ行くということは少なくとも分かっていました。自分から腰を浮かして、よいしょっと立ち上がってくれていたのです。

しかし、ジェスチャーも通じなくなりつつありました。声をかけても、食卓に着いたまま動く気配が見えません。洗面所に行きましょうと言うと、「はいはい」と満面の笑みで応じてはくれるのです。でも動かない。

「歯磨き、ですよ。ご飯食べたからね」

「そうそう」

「あちらのほう、行きましょ」私は洗面所の方を指差します。

「行きます行きます。ねー」

タガミさんは、にこにことして、やはり座ったままです。動かざること山のごとし。私はその場で腕を振って歩く真似をしたり、歯磨きのジェスチャーをしたりしてなんとか洗面所に行くことを伝えようとしましたが、これがもう、一向に伝わりません。タガミさんは笑顔で頷くばかり。

そこに、キッチンのほうから別のスタッフの金岡さんが声をかけました。

「タガミさん、お兄ちゃんと一緒に行くんかぁ。ええなぁ」

するとタガミさんは、顔を輝かせて言いました。

「あら、一緒に？」

「行く。僕、一緒に行きますよ」

タガミさんはすんなり立ち上がりました。寂しがり屋な人だから、「どこへ」とか「何をしに」ということよりも、「一緒」という言葉が響いたのでしょうか。

では、次も同じように「一緒に行きましょう」と声をかければ、すんなり洗面所に向かうかというと、そんなことはありません。この時は、たまたま「一緒に」という言葉がはまっただけです。

これを言っておけば大丈夫、これさえすれば動いてくれる、そういう都合のいいマジックワードやマジックアクションはないのです。

ある時は、こちらがタガミさんの肩をポンポンと叩くだけで立ち上がります。またある時は、椅子を引いてあげると立ち上がります。しかし、彼女の行動を引き起こすそのようなスイッチ的なものも、どういう条件であれば働くのか、よく分かりません。何をやってもダメで、そのまま座っていてもらうしかない時もありました。

何かがパチっとはまれば、タガミさんは動きます。それは、その時の満腹感でしょうか。うーん、それだけではなさそうです。機嫌の良し悪しも、関係するにちがいない。それまでのスタッフの言葉かけも影響するはずです。また、他の入居者さんの動きも。ひょっとすると、照明の明るさや室内の温度など、環境的な要因もあるのではないでしょうか。他にも色々考えられますが、きりがありません。彼女を動かす要因は、ただひとつではないのです。複数の要因が組み合わさって、タガミさんの立ち上がり動作をモチベートしています。

看護師で臨床哲学者の西川勝は、そのような小さな行動や関係の積み重ね、つぎはぎによるケアを「パッチングケア」と呼んでいます。

西川さんは、夕方に帰宅願望を訴える認知症の女性が、ご飯を食べるまでの経過を報告しています。

《ぼくや夜勤者、家族さん、他のお年寄り、いろんな人が、切れ切れのような言葉をかけて、食堂は夕食のにおいが充ちてきて、となりの席ではスプーンが優しい光を反射して、ゆったり座る椅子が脚の力を抜いて……。小さな数え切れないケアのかけらが、彼女のまわりに積み重なっていったのだと思う。（中略）小さなケアが、

それぞれの意図を超えた模様をパッチングしている》

（西川勝『ためらいの看護』岩波書店、二〇〇七年）

これはよく分かります。私たち介護スタッフは、入居者さんたちの言動の理由をあれこれ推測するのですが、理解できないことも多くあります。スタッフどうしで、分からんなぁ、分からんなぁ、と言い合っています。

でも、ふとした時に、状況が改善することがあります。そういう時、あれがよかったのではないか、これが効いたのではないか、と振り返って点検してみても、改善の原因を最終的に特定できないことも度々です。無数の出来事と時間の経過が、全体としてケアになったのだ、といえるかもしれません。

西川さんのいうパッチングケアという考え方は、仏教的には「縁起のケア」だといえるでしょう。

一人の介護者のただひとつの行為でケアが成り立つわけではない。さまざまな人や出来事のつながりによって、一時的に、ひとつのケアが成り立っています。

《網の目は、ほかの網の目とかかわりあって、一つの網の目といわれる。それぞれ、

ほかの網が成り立つために、役立っている》

（仏教伝道協会『仏教聖典』一九七三年）

私の声掛けも、横から「ええなぁ」と言ってくれた金岡さんも、あるいは、空になったタガミさんのお皿に横から手を伸ばそうとしていた他の入居者さんの動きさえ、タガミさんに働く全体的なケアを構成する、ひとつの網の目です。だから私たちは、パチっとはまる偶然を期待しながら、あれこれ試して気長に見守ります。ケアしようとする人の理解や意図を超えて、小さなケアの数々が、どこかでうまくつながってくれるのを待つのです。

ケース29

認知症介護の上手な人に学ぶ モード・チェンジの仕方とは

ある日の午後、コジマさんの認定更新のために、女性の調査員さんが来てくれました。コジマさんは、認定調査が嫌いです。「ここがどこか分かりますか」とか「今の季節はなんでしょう」など聞かれるので、からかわれていると思ってしまうようです。だから、いつもスタッフは気をつかいます。以前よりも穏やかになったコジマさんですが、ストレスが重なると爆発してしまうこともあります。

この日も、調査員さんには事前に、「子ども扱いとか年寄り扱いされるのを嫌がる人ですので、すみませんが慎重にお願いします」と伝えていました。伝えていたのですが……、調査員さんは、いきなりコジマさんの耳に口を近づけて、呼びかけました。

「コジマさーん、こーんにちはー！　お元気でーすーかー。わたし、〇〇といーますー！」

声がやたらに大きく、単調で間延びした話し方でした。介護現場ではよく見かけるものです。あ、これは危ない、と私は感じました。案の定、コジマさんはその一言で機嫌を悪くして、眉間には深い皺を寄せていました。

その後の面談のあいだも、「ああっ!?」「ええっ!?」と今にも食ってかからんばかりの様子です。しかし、そうしたコジマさんの反応も意に介さず、調査員さんは同じような調子で質問を進めていきます。

私たちはヒヤヒヤしながら見守っていましたが、ついにコジマさんが、「そんな大声で言わんでも聞こえてます！　馬鹿にしてんのか！」と叫んでしまいました。調査員さんはびっくりしていましたが、その後も話し方が変わることはなかったため、スタッフが間に入り、質問に答えさせてもらうことにしました。

調査員さんの話し方が、常に間違いというわけではありません。実際、大声の間延びした話し方のほうが、聞き取りやすく理解しやすいという高齢者の方は大勢います。調査員さんの経験としては、そういった方と話をすることが多かったのでしょう。だからこそ、彼女はこの間延びした話し方を認定調査時のデフォルトの話法として採用していたのだと思います。しかし、そうしたコミュニケーションのモードは、相手の特性や、自分との関係、あるいは環境に応じて、調整することが必要なものです。

認知症高齢者の介護では、このモード・チェンジの度合いが、より高くなります。認知症を持つ人の場合、今がどういう状況か、相手が誰か、どれだけ親密か、ということについての感じ方がしばしば変わり、時に幻覚も生じているからです。

熟練の介護者は、上手い俳優のような接し方をすることがあります。

たとえば、家に帰ろうと庭に出た入居者が、しばらく歩き回って疲れてきたころ、すーっと出て行って「あら、○○さん！」と、さも偶然に出会ったかのように声をかける。「何してんの？　え、帰るとこ？　せやなぁ、もう暗いからなぁ……。寄ってく？　ご飯もできてるし」などと言葉巧みに連れ込む。あるいは、「おかえり〜。遅かったやん。待ってたで」と、文字通り両手を広げて出迎える。

上手い人に聞いてみると、どういう対応をするかは、その時の相手がどういう現実を見ているか、どういう気分か、こちらをどういう人間と捉えているか、といったことによってさまざまのようです。時には、「入り口はこちらですよ」とあえてたんたんと事務的な口調で接することもあるとのことでした。

認知症を持つ人の現実や気分や、こちらに抱いている印象は、その時の状況によって変わりますが、その人ごとに一定のパターンはあります。それに応じて、介護者も接し方を変えます。その延長で、相手がこちらを、夫とか医者とかご近所さんと思っているなら、その人物になりきることも、ありえます（ただし、やりすぎは注意）。

これは何も特別なことではありません。私たちは普段から、身振りや声色や言葉遣い、相手との距離を調整し、状況に応じたモード・チェンジを多かれ少なかれ行っているはずです。自分の家族にも、職場の上司にも、地域の子どもにも、同じモードで接するという人は多くはないでしょう。演技というほど張りきったものでなくても、身ぶりや言葉の使い方や心の置き方を調整しています。相手や場面ごとに、自分のあり方をカスタマイズしているわけです。このような関係に応じてさまざまに変わる自分を、作家の平野啓一郎は「分人《ぶんじん》」と呼んでいます。

《分人のネットワークには、中心が存在しない。なぜか？　分人は、自分で勝手に生み出す人格ではなく、常に、環境や対人関係の中で形成されるからだ。私たちの生きている世界に、唯一絶対の場所がないように、分人も、一人一人の人間が独自の構成比率で抱えている》

（平野啓一郎『私とは何か　「個人」から「分人」へ』講談社、二〇一二年）

「個人」を表す英語 individual は「分割できない」という意味ですが、私たちは、相手や状況に応じて無意識のうちに、自分のあり方を分けて社会生活を送っています。つまり分人化しているわけです。

認知症介護の上手い人は、相手の気分や見ているものを読みつつ、意識的に分人化を行っています。対人援助の達人クラスになると、人格レベルでの分化にとどまらず、もっと細かいミリ単位での分化を意識的に行っているようです。

精神科医の中井久夫によれば、達人的な治療技術をもつ神田橋條治《かんだばしじょうじ》は、五百種類もの「ほぅ」を出せるという噂があるそうで、そこまでいかなくても、相づちを二十から三十は持っておいたほうがいいと言っています（中井久夫『こんなとき私はどうしてきたか』医学書院、二〇〇七年）。分人ならぬ、「分ほぅ」「分相づち」です。さすがに「ほぅ」ひとつに五百種類は多すぎる（そもそも覚えきれない…）にしても、相づちのパターンをなるべく多く持ち、自然に出てくるように自分の中でこなれさせておくことは、たしかに大切です。

コミュニケーションは相手との協同作業です。一方通行ではありません。音楽でいえば、ソロ演奏ではなく、相手とともに行う即興プレイです。たとえ相手が無軌道な変奏をしても、それに対応できるためには、やはり多様なテンポ、多様なアクセントの曲を数多く練習して、感覚を養っておく必要があります。

ちなみに私は、そういう「分人」介護が、あまり上手いほうではありません。どの入居者さんに対しても、対応の仕方が一本調子になってしまいがちなのです。変化をつけねばと思い、この間は、女性の入居者さんが「これおいしいわねぇ」と言うのに乗って、「そうなの。よかったわぁ」とナヨッとした感じで言ってみました。ひどい違和感がありましたが、そういう分人もひとまず備えておいてみようと思います。

ケース30

落ち込む入居者の気分も一瞬の冗談と笑いで心を更新できます

笑いには不思議な力があります。魔術的と言いたいくらいの力。その力が、認知症高齢者のケアにおいて解決が難しい場面に突破口を開けることもあります。

シマダさんは、身体のほうはすこぶる元気ですが短期記憶の障害が著しくあります。そのためもあって、一日のなかでもよく気分の上がり下がりを見せます。先日も、快活に話をしていたかと思うと、自室に上がって次に下りて来た時には、なんだか顔が曇って落ち着きがなくなっていました。「どうかしましたか」と声をかけても、「いえ、特に」と煮え切らない返事でした。最近のパターンから推測すると、携帯電話がなくなったと思っているか、なぜここにいるのか分からなくなったか、といったところでしょうか。

認知症のある人は、何か特定の出来事について記憶が薄れても、それにまつわる気分は続いていることが多いです。たとえば、携帯電話が見当たらないとします。不安を感じて、自分で部屋中を探してもやはり見当たらない。焦りも加わり、ない、ないと必死で探している途中で、あれ、何を探しているんだっけ、となる。思い出せない。必死に探していたから、きっととても必要なもののはずなのに、一体何を探していたのか。自分でもおかしいと思う。怖くなる。そのうち、何かを探していたこと自体も忘れてしまうが、負の感情の記憶は残る。依然として不安は大きく凝り固まっている。落ち着かない原因は、ご本人にも分からない。

またその窮状を打ち明けようにも、「何か、おかしいんです！」と言えればいいのですが、そのおかしいのが何か言い当てられない、どうもおかしいのは自分自身らしいということになると、特段プライドの高い人でなくても、情けなくて、その辺のお兄ちゃんなどに気安く話せるものではないでしょう。

こういう場合、問題の解決を図るよりも、ご本人の意識を別のことへ逸らし、そこに集中してもらうことで、不安を解消することが勧められます。とはいえ感情の記憶はけっこう頑固で尾を引くため、これもそう簡単なわけではないのですが。

食事のあとも、シマダさんは相変わらず沈んだ表情をしていました。こちらの話題には興味を示されず、言葉を濁しています。この流れでいくと、また「家に帰ります」と言い出しかねません。どうしたものかと思っていたところに、お皿を拭いているシマダさんの後ろから、管理者の西さんが近づいてきました。シマダさんは気づきません。西さんはそのまま彼女の真後ろに立ってじっとしています。数秒たって、背後の気配を感じたシマダさんがパッと振り返り、キャッと声を上げます。ひっひっひと笑う西さんの顔はふてぶてしい。

「もう！　なんですか！」シマダさんは怒ったように言いましたが、その顔は、西さんの引き笑いにつられてすでに半分は笑っています。「え？　趣味活動。おどかすの」と西さんが平然と答えると、もうシマダさんは耐えきれません。「そんなの、他の人でやってよ！」と言いながら吹き出しました。シマダさんと西さんと私とが一同に笑い出し、空気が変わりました。そんなの悪趣味よ、じゃあシマダさんの趣味は何ですの、そうね私は、と話が弾みます。それまでの重たい表情も輝いて、鈍かった私への応答も軽快な調子になりました。

もちろんこれは、状況が芳しくないと見た西さんが、意図的に仕掛けたことでしたが、スイッチでも入れられたかのようなシマダさんの劇的な変わりぶりに、私は目を見張りました。笑いでここまで変わるのだということを実感しました。

日本には、笑いを供え物として奉納する神事や笑いを誘う滑稽芸を伴った祭礼が、各地に存在します。これは、笑いに何か呪術的な力が期待されていたことを示すものです。そこには、単に笑うことで福を招くという発想に加えて、笑いが古い秩序を更新するという考えが見えます。

『古事記』においては、天の岩戸に隠れたアマテラスを再び外へと誘い出したのは、アメノウズメの楽舞と、八百万《やおよろず》の神々による高天原をとどろかすほどの高らかな「咲ひ《わらひ》」(次田真幸訳注『古事記』講談社、一九七七年)でした。芸能と笑いが、太陽の死と再生に関連づけられているわけです。笑いは古いものに終わりを告げ、新たな誕生を祝います。新春の門付芸やテレビ番組に人を笑わせるものが多いのには、こうした笑いのもつ力によるところが大きいのでしょう。

シマダさんの沈鬱な気分と固まった空気は、不敵な冗談と笑いによって吹き飛ばされてしまいました。西さんはよく冗談を言って、入居者さんたちを笑わせています。笑いが爆《は》ぜることよって、固定した秩序がいったん壊れ、新たに再生します。そのようにして、問題の解決が難しいときに状況をリセットして空気を緩ませ、仕切り直します。

毎日の冗談と笑いは、沈滞した記憶を更新する小さな祝祭なのです。

ケース31

お釈迦様の教えが認知症介護のお手本だと分かります

医師でもあり僧侶でもある田中雅博さんの最期を追ったＮＨＫ『ありのままの最期　末期がんの〝看取り医師〟死までの四五〇日』（二〇一七年放送）を見ました。田中さんは日本におけるホスピス黎明期から看取りの医師として活動し、これまでに千人以上の方を看取ってきた方です。その田中さんに末期の膵臓がんが見つかりました。

ご自身は痛みが激しくなった時には終末期鎮静をかけて「眠るように死ぬ」ことを希望しており、また無理な延命措置や心停止後の蘇生も拒否していました。そのような終末期の医療についての希望を持っていましたが、実際には「もう少しだけでも生きていてほしい」というご家族の思いもあり、その最期は完全に田中さん本人の希望通りにはなりませんでした。そうした経緯も番組のなかではありのままに描かれています。奥様が切実な思いを吐露する場面もあり、聴いていると田中さんの希望通りの終末期とならなかったことも致し方なかったのだろうか、という気もしてきます。

エンディングでは、取材したディレクターの方が「人は一人では死ねない」と言っています。

深く納得しました。確かに死ぬことは一人ではできません。介護する人、看取る人、見送る人が必要になります。そのようなケアする方々の思いも、本人の最期には反映されるのです。

そこで、本人や周囲とのあいだで終末期についての考えに大きなズレが生じないよう、近年ではＡＰＣ（Advance Care Planning）が提唱されています。ＡＰＣとは、本人を中心にして家族など身近な人や医療・ケアチームが、本人の終末期の医療とケアについて、繰り返し話し合いをしましょう、というものです。死に向かっていく本人の気持ちや病状、周囲との関係性や状況には、時間の経過とともに変化が生じますから、希望を書面で残しておくとか、話し合いを一度だけしておくとかだけでは不十分なのです。

厚生労働省の「人生の最終段階における医療・ケアの決定プロセスに関するガイドライン」では、二〇一八年の改訂から明確にこのAPCの考え方が盛り込まれています。

人は一人では生きていけない、というのはよく聞きますが、死ぬことも一人ではできません。考えてみると、老いることや病になることもまた、一人ではできないのです。そこには必ずケアする人がいます。言い方を変えれば、「ケアという労務を負担する人」がいます。

それは初期仏教において比丘《びく》（出家修行者）たちの集まりであるサンガでも変わりませんでした。

律蔵には、釈尊が僧房を見回った際に、ある病比丘を見かけたエピソードが伝えられています。

病比丘は排泄物のなかで倒れたまま起き上がることができませんでした。釈尊は、彼に病気の加減や食を摂れているかどうかを問い、世話してくれる仲間がいないことを確認すると、「憂い悩むことはない。私はあなたと一緒にいましょう」と語りかけます。

さらに排泄物で汚れた病比丘の衣を自らが洗おうと告げました。

この出来事をきっかけとして、サンガ内では病者をケアすべきとのルールが定められました。その際に釈尊が語った言葉に注目したいと思います。病比丘の病状が落ち着いたあと、釈尊は他の比丘たちの集まるところへ行き、病比丘の隣の房の比丘に対して、次のように戒めました。

《ともに清浄な生活を守るあなた方が、病痛に際して互いに看護し合わなければ、いったい誰が看てくれるのか。あなた方は、それぞれ姓も家も、異なる出自でありながら、「家にいれば煩いが多く家を離れたならば煩いが少ない」という道理を信じて、家を捨て出家した、皆同じ一つの姓の沙門・釈迦の弟子なのである。たとえば、ガンジス、ヤムナー、サラブー、マヒの四つの河が、大海に流れ込んで皆その元の名を失くし、合わさって一味となって、ただ大海と呼ぶほかはないのと同じようなものである。あなた方もそのように、それぞれ元の姓を捨て、皆同じ一つの姓の沙門・釈迦の弟子である。互いに看護し合わなければ、いったい誰が看てくれるのか》

（『摩訶僧祇律』第二十八　明雜誦跋渠法之六　大正新脩大蔵経第二十二巻・四五五中段）

釈尊は、「病においては互いにケアし合うべし」という相互扶助の義務をサンガのメンバーに課し、そうすべき理由として「皆同じ一つの姓の沙門、釈迦の弟子である」というようにサンガのメンバーの同一性を説いています。この「メンバーの同一性を根拠とした相互扶助の義務」は、現存する世界最古のコミュニティともいえる仏教サンガの存続にとって、大きな意味を持っていたと考えられます。

社会学者のマッキーヴァーは、社会集団をコミュニティとアソシエーションとに類型化しました。コミュニティというのは、共同生活を送る集団のことです。例としては家族や村など、地縁や血縁で結ばれた集団がイメージしやすいでしょう。一方でアソシエーションとは、特定の目的を達成するために、共通の利害関心から形成される機能的な集団で、会社組織がその典型です (R. M. Maciver, Chrles H. Page, Society : An Introductory Analysis, Macmillan & Co Ltd, 1959)。

仏教サンガは、出家修行と悟りという目的を達成するためのアソシエーションという面を持っています。しかし、サンガは共通の目的を達成するための個々人の集まりである以上に、同じルール、同じ儀礼、同じ慣習、同じ価値観のもとで一定の人数が共同生活を送るという点で、本質的にはコミュニティです。

共同生活を送るということ、ともに生きるということは、ともに老い、病にかかり、死んでいくということでもあります。そして、これらの老病死へのケアを連帯して担っていくことが、そのコミュニティの持続可能性を高めます。ともに生きる者たちが互いにケアし合うことなしに、コミュニティは成り立たないのです。

問題は、ケアには多大な時間と労力が費やされるということです。

律蔵のなかには、病比丘の病苦の大きさと看病をする比丘の負担の重さとのために、病比丘に対する殺人（安楽死）、殺人教唆、自殺教唆が起こったことが記録されています。出家修行を個々ばらばらにではなく、コミュニティとして行うという選択をした時点で、仏教サンガは老病死へのケアという難題を背負い込んでしまったといえます。

コミュニティにとって、ケアの労務は避けられません。釈尊は、それを忌避するのではなく、「病者は應《まさ》に看るべし」と、あくまでも責任をもってケアすべきことを比丘たちに課したのでした。その姿勢は、生老病死の苦を正しく見ることを説く釈尊自身の教えからして、自然なことだったように思います。

とはいえ、出家者たちは、多くがもともとの出自を異にする赤の他人どうしです。他人に対して煩わしいケアの労をとる義理は、本来ないはずでしょう。そのように血の繋がりもない者たちをコミュニティとして一つにまとめるのが、「皆同一姓沙門釈子」という原則だったといえるでしょう。世俗においては家も年齢も尊卑の階級もさまざまな彼らも、具足戒を受けてサンガに入れば、先輩後輩の別はあるものの、みな平等に釈子としてサンガの兄弟となります。

先述のマッキーヴァーは、コミュニティに欠かせない共同体感情の一つとして、「われわれ意識 we-feeling」を挙げています。これは、コミュニティに自分が結びつけられ、自分自身のアイデンティティを「われわれ」のなかに認めるような感覚です。そのようなサンガの一員としての「われわれ意識」の自覚を促すものが、釈尊を親とし比丘たちを子とする疑似家族的な「皆同一姓沙門釈子」というラベリングであったといえます。

ケース32
ケアする人の責任や負担を上手に順送りできるようにしよう

老いと病のケアにあたって、ケアする側の負担は大きな問題です。仏教サンガにおいて、比丘が病になった場合、和上や阿闍梨《あじゃり》といった者、他に同房の比丘や隣房の比丘が看病すべきであり、誰もいなければサンガが指定して看病させることと律蔵には規定されています。誰も看なければ、サンガのメンバー全員が越毘尼罪（軽微な罪）であるとされます（大正新脩大蔵経第二十二巻・四五五中段）。

しかし、それぞれに修行を行う比丘たちにとって、負担はやはり重く、なんとかして看病の役目を避けようとした比丘たちのいたことが記録されています。

ただし、誰かが責任をもって看なければならないといっても、それは必ずしも一人の人が始めから終わりまでケアの負担を負うというわけではありません。場合によってはケアの義務を引き継ぐことが認められていたようです。

少し長くなりますが、『摩訶僧祇律』第二十八の「看病比丘法」の規定を紹介します。

《もし比丘が商人とともに進んでいて広野に至って病を得てしまったら、同伴の比丘は彼を見捨ててはならない。親しみをもって近くで助けるべきであり、遠く離れてはならない。それ以上進むことができない場合には、商人から荷馬を借りるために次のように言うのがよい。「この出家人は病んで一緒に行くことができないので、(この比丘を)載せて難を逃れさせてください」と。荷馬を得ることができればよし。もし「尊者、私の荷物は重いので」と言われたら、「穀草のお代を渡しましょう」と言うのがよい。もし(病比丘を)載せることができなければ、看病できる人を一人、あるいは二人、三人、その場に留めて、次のように言うのがよい。「あなたが病人を看てください。私は村に行って乗り物を調達して迎えに来ます」と。食べ物を残しておき、留まる者を乏しくさせないようにすべきである。もし「身命を広野に捨てようという者が誰かいるだろうか」と、了承して留まる者がいなくても、そのまま病比丘を捨て置いてはならない。庵舎を作って草を敷物にし、火をおこして薪水をとり、体を養い薬となる食物類を残しておき、病者に言いなさい。「長老、心安らかにここに留まっていてください。私はこの先の村に行って乗り物を調達して迎えに来ます」と。村に至れば村の中の比丘たちに告げて言いなさい。「広野に病比丘がいます。一緒に迎えに行きましょう。来てください」と。もし具体的な場所を問われて「どこそこです」と答えた際に、「そこには多くの虎狼がいます。おそらくは食べられてしまって万に一つも生きてはいないでしょう」と言われても、村に留まってはならない。必ず行って確認すべきである。遠くから（遺体に集る）烏鳥を見ても、そのまま引き返してはならない。必ずその場所に至るべきである。すでに亡くなっていたら、遺体を供養すべきである。もし存命であれば、村へと連れて戻り、そこに元からいる比丘に言うのがよい。「長老、これはどこそこの病比丘です。私は広野でこの人の世話をし、今ここに到着しました。次にあなたが看てください」と。もし看なければ、越毘尼罪《おつびに》である》（同書・四五六上段〜中段）

このように、遊行中に病人が出た場合、他の比丘の助けを借りて、療養ができる場所まで連れて行き、ケアを別の者に引き継ぐことが可能でした。

もし村に他の比丘がいなかったらどうするのでしょうか。その場合は、優婆塞《うばそく》（在家の修行者・信徒）に協力を頼み、やはり療養のできる場所まで連れて行くことが定められています。そして、外から客比丘がやって来た時には、同様にケアを引き継ぐことができるのです。

《もし客比丘がやって来ても、すぐに「あなたが病比丘を看てください」と言ってはならない。まずは「よくいらっしゃいました、長老」と言い、衣鉢を持ってあげ、床座を敷き、足を洗う水と足に塗る油を提供すべきである。午前に来たならば朝食・昼食を与え、午後に来たならば午後に飲んでもよい果汁などを与え、休息し終わってから、「この病比丘は長いあいだ私が看ていたので、次にはあなたが看てもらえますか」と言うのがよい。病比丘が亡くなったら、遺体を供養しなさい》

（同書・四五六中段）

このように、ケアの負担を順送りにしていくことが認められていました。一見すると、負担を押し付けているようでもありますが、そうではありません。ケアは一人だけではできません。負担が一人に集中して長期間にわたれば、ケアする人のほうが先に倒れてしまいます。また相手を煩わしく思う気持ちから、自殺の教唆や殺人も起こりかねません。実際、律蔵にはそうした事例が記録されていたのでした。負担をうまく順送りにしていく、あるいは分散させていかなければ、持続的にケアすることはできないのです。

ただし引き継ぐまでは、はじめの看病比丘が責任を持ち、最後まで見届けるよう徹底されていたことは注意しておきたいところです。広野で病比丘のもとを離れる時も、環境を整えてあげ、他の看病人をつけるなど、病者が一人で苦しまないよう行き届いた配慮がなされています。また、引き継ぐ際にも、いきなり押し付けてはならず、相手を手厚くもてなし、充分に気遣ってから、その上でケアを依頼すべきであるとされています。

この「最後まで見届ける責任」と「引き継ぎの作法」が、コミュニテイのなかでケアを持続させていくためのポイントといえるでしょう。

ケース33

介護から切り離せない排泄介助「うんこの壁」を仏教に学ぶ

もう少し、仏典から読み取れるケア観について見てみましょう。

釈尊は弟子のウパリに次のように語っています。

《ウパリよ、病比丘のなかには、法にしたがった看病を受けられずに死ぬものがいるが、法にしたがった看病を受け生きるものがいる。このゆえに、適切に看病すべきである。法にしたがって安穏にさせようと努めることは、命を施すということである。このゆえに、看病は大功徳を得るものであり、諸仏は讃嘆されるのである》

（大正新脩大蔵経第二十二巻・四五七上段）

看病とは命を施すことであるといいます。この部分を読んで、私は日々行っているケアの重みを、あらためて知らされた気がしました。

生活を、楽しく心地よいものに保つこと。そのための小さな仕事のひとつひとつも、「命を施す」ことといえるのだと思います。

そのなかで、清潔の保持はとても大切です。この部分がきちんとケアされなければ、快適な生活を送れず、人としての尊厳にかかわります。同時に、そのケアは一般的には「汚い」とか「臭い」と忌避されることでもあります。特に排泄のケアは、新入の介護職にとっては最初の壁になるものです。別名「うんこの壁」。

介護を始めたころ、私もやはりこの壁にぶち当たりました。それまで介護らしきことをしたことがなかったため、自分以外の人の排泄物に接するという経験はありませんでした。

まず臭《にお》いがどうしても受け付けられません。便の処置をしたあとは、服や身体に便の臭いが残っているような気がしたし、ゴム手袋をしていても手に便がついているような感じがして、何度も手を洗いました。そして実際、排泄介助をしていれば、自分の手や服への便付着はいつかは必ずやってきます。ピトっとくっつかれて、叫ぶことになるのです。

しかし、経験を積んだ介護職は慣れたものです。そういう場合も、あらあら、というくらいで、サッと拭き取って平然と処置をつづけます。

考えてみれば、ケアされる側からすると、ことさらに汚がって騒ぐのは大変失礼な話です。そう分かっていても、慣れない人からすると、やはり汚いものは汚い。排泄介助はできるならば避けたい。実際、「私できません」といって排泄介助を断りつづける介護職もいるようです。しかしそれは「血を見るのが怖いので手術はしません」と言う外科医のようなものでしょう。それくらい排泄介助は介護職から切り離せません。

慣れるしかない。嫌悪感の半分は、時間がなんとかしてくれます。

以前、介護職の研修会に出たとき、グループワークで介護にまつわる経験を話し合いました。同じグループになった若い女性が、排泄介助で利用者さんに立ってもらったときに、立ったまま排便されて、とっさのことでどうしようもなく、直に自分の手でそれを受けとめた、という話を喜々として語っていました。とっさに自分の手で受けとめるという行動が出るのもすごいし、それをまったく嫌悪感もなしに笑い話にできるのもすごい。私も自分に便がついたとき、かつては「うわーっ！」だったところ、今では「うわ〜…」くらいにはなりましたが、まだまだです。

排泄物だけではありません。ケアは、その他たくさんの「触りたくないもの」に接する。目ヤニ、耳垢、鼻の垢、水虫、疥癬《かいせん》、フケ、食べかす……。なんだか文字だけ見ても嫌ですね。それらに対する嫌悪感は誰でも持っています。ただ、介護職が次第にそれらを忌避しなくなるのは、単に慣れだけでもないと思うのです。

汚れを除き清潔を保つことが、健康の維持のためにいかに必要か、人として生きる尊厳のためにいかに切実かということを、身をもって知るからこそ、その仕事を人としてなすべき当たり前のことととして行うことができるのではないでしょうか。

冒頭に挙げた記述に先立って、釈尊は看病人が備えているべき五つの資質を説いています。

一つには、汚物に対する嫌悪感が少なく、大小便器や痰壷を扱うことができる。二つには、病に応じた薬や食物を病人のために用意することができる。三つには、時に応じて病人のために説法をすることができる。四つには、自分の利得をあてにして看病することがない。五つには、労力を惜しまない。

このなかで、看病人はまず汚物に対する嫌悪感が少なくあるべきことが第一に挙げられている点は注目したいところです。排泄物にまみれた病比丘を助け起こし、その汚れた衣を自ら洗った釈尊の行跡が思い起こされます。

認知症介護の現場では、命にかかわるような切迫した事態が起こることは多くはありません。急性期の病院に比べれば、とても穏やかです。とはいえ、その穏やかさのなかにも、大きな問題につながりかねない小さなリスクはいくつもあります。介護する人は、その小さなリスクを見守り、大きな問題にいたらないよう未然に防ぐ責任を負っています。

清潔を保つことは、その第一の仕事といえるでしょう。健康の維持のために、人として生きる尊厳のために、それはまずなされねばならない仕事なのです。その意味で、それは正しく「命を施す」ことといえます。

第5章

認知症を持つ人が求める本当の幸せ

ケース34

介護の常識に逆行したバリアばかりな生活の場にこそあるもの

これまでに、認知症の理解やケアの仕方、相手との関係の結び方について考えてきました。この章では、ケアの現場における文化的な資源の影響について紹介します。なにしろむつみ庵は築七十年以上になる古民家でお寺とのかかわりも深いため、文化的な資源はかなり豊かな方だと思うのです。

むつみ庵は古民家を改修して、二〇〇三年にオープンしました。グループホームとして開設するにあたって最低限の改修はされましたが、造りは基本的にもとの家のままです。木造二階建てで、玄関を入ると高めの上がり框《かまち》があります。年季の入った太い梁と柱、足元は畳、空間を仕切るのは襖に障子に土壁です。来訪された方が、「おばあちゃんちに来たみたい」と懐かしがることがあります。

特に高齢の方にとっては、なじみやすい昔ながらの家なのですが、伝統的な造りの家は、認知症を持つ高齢者にとって、実は身体に優しくない家でもあります。

手を伸ばせばセンサーで自動的に水が出るような洗面所はありません。レバーを握って回さなければいけないのです。居室の電灯もそうです。いまだに紐を引っ張るタイプのままですから、入居者さんはいちいち腕を伸ばして電灯を点けたり消したりしています。居室は一階と二階に分かれていますが、エレベーターはありません。二階に住んでいる方々は、階段を使っています。これが、若い人でも手すりにつかまりたくなるほど急な階段なのです。初めて見るとちょっと驚くかもしれません。これをいつも上り下りするのは、高齢者には酷です。転落の危険もありえます。

バリアフリーという介護の常識に逆行して、むつみ庵はバリアばかり。でも悪いことばかりではありません。高齢者の身体に負担を強いる家の造りが、長所になることもあるのです。

私たちの身体は、使わなければ衰えます。たとえば寝たきりですごしていると、すぐに筋肉が細り、関節が固まってしまいます。廃用症候群といいます。柔らかいものばかり食べていれば、噛む力が弱まりますよね。高齢者の場合は、これが特に顕著なのです。寝たきりでなくとも、フラットな床の移動ばかりで足を上げる機会がなければ、そのために必要な運動機能は落ちていきます。身体に優しく安全な環境があれば万事オーケー、という訳ではないのです。

むつみ庵の場合、家が古い分、身体を動かさなければなりません。必要に応じて手を回し、腕を伸ばし、足を上げる。それが生活動作に必要な運動機能の維持につながっています。いわば、日常生活そのものがリハビリになっているわけです。

事故についても、高い段差や階段など一見して危険なところでは、実は事故は起きにくいのです。脚力の弱った方であっても、高めの段差を注意しながら慎重に越えます。階段からの転落も、開設からこれまでの二十年間で一度もありません。

むしろ危険なのは、意外かもしれませんが、畳の縁などのごく小さな凹凸です。気づかないほどわずかな高低差ですが、気づかないからこそ危ない。明らかな障害物には、注意を向けることができます。注意を向けて危険を察知することさえできていれば、たとえ認知症であってもしっかりと身の安全を守ろうとします。

山口市のデイサービス「夢のみずうみ村」では、理事長の藤原茂さんのアイデアで、施設内をバリア・フリーならぬバリア・アリー環境にしているそうです。廊下にはあえて物を置き、手すりもついていません。そのように施設内の所々にバリアを置くことによって、身体動作に負荷をかけ、自分で工夫して身体を動かさなければならない環境を作っているのです（佐藤幹夫『人はなぜひとを「ケア」するのか―老いを生きる、いのちを支える』岩波書店、二〇一〇年）。

自分の身の安全を守るために注意の網を張ることは、生物が生きるうえで最も重要な本能です。生きる力といってもいいでしょう。生活上のバリアは、注意力を刺激します。高齢者にとって負担であると同時に、生きる力の賦活剤になっているのです。

むつみ庵の段差や階段をはじめとする古い作りゆえのバリアも、生きる力を賦活するバリア・アリー環境といえます。

とはいえ、これは介助者が常に注意を払っているという前提のうえでの話です。転落や転倒といった事故のリスクは常に残ります。それだけに、見守りや身体介助といった介助者側の負担は大きく、時間もとられます。介護をするうえでの効率の悪さは否めません。

介護専用に設計された施設と比べると、伝統的な家屋は機能面でも劣ります。

たとえば、居室の床に排尿してしまった場合（時々あります）、塩化ビニール素材の床であれば、拭き取って消毒すればすみます。これが畳だとやっかいです。畳の表面を拭き、消毒してから、畳を上げます。たいてい畳を通り越して床板にまで染みていますから、畳の裏側と床板も拭きます。でもそれだけでは臭いはとれません。畳を立てかけて、時間をかけて乾燥させることになります。畳を上げるために家具を移動する場合は、人手も必要になります。

夜中にそういう事態が起こると悲惨です。そして残念なことに、そういう事態が起こるのは、だいたい夜中なのです。私の夜勤中、一階で記録を書いていたところ、ポタッポタッという音がどこからか聞こえてきて、音の出どころを探すと天井からおしっこが垂れてきている、ということもありました。なんというか、異次元の経験です。

このように、むつみ庵は、介護に最適化された家ではありません。機能的でも効率的でもありません。認知症を持つ高齢者を介護するという目的からすると、非合理な施設ですね。けれど、それも含めての「家」である、と私は思っています。

私たちの生活は、多様な活動からなりたっています。食べて寝て出すという生理的活動があり、身近な人や他人と交流する社会的活動があり、死者や仏とコミュニケートする宗教的活動があります。そうしたさまざまな活動は、特定の文化的様式で行われるのです。様式といっても、それは置き換え可能なものではなく、身に染み込んだものです。

コロナ禍の三年間はまったく受け付けることができませんでしたが、むつみ庵には見学の方がよく来られます。ある時、見学の方に畳敷きの居室を見てもらっていました。お掃除の大変さについて説明していると、見学者の方が「畳を全部取ってしまって、ビニールの床にしようとはされなかったんですか？」とお尋ねになりました。

考えたこともありませんでした。むつみ庵は立ち上げ時には介護用にリノベーションをしていますし、その後も消防法改正にともなう大規模な改修がありました。その際に、掃除しやすいようビニールの床にするという案が出てもおかしくはありません。合理的に考えるなら、そちらのほうが介護には適しています。でもそういう案が上がったという話は聞いたことがありませんし、そもそも誰も思いつかなかったのではないでしょうか。その通りにお伝えすると、見学の方はよくお分かりで、「それが文化の力ですよね」というようなことを言いました。

文化的な様式は、気づかないところで私たちの身体感覚や思考を規定しているところがあります。日本家屋の畳敷きをビニールの床にするということは、そもそも発想自体が出てきにくいわけですから。

効率性や機能性や有用性といった価値は、何かの目的を達成するための基準にすぎません。しかし文化は、人間が「生きて死ぬこと」の総体としての表現であり、そうした合理的な価値からは遠いところにあります。

文化は人間が作ったものでありながら、人間には不可解なものを含んでいます。合理的精神からすれば、不必要なもの、無駄なもの、遊びの部分を持っているのです。私たちは、ただ生存しているのではありません。身に染みついた文化のなかで生活しています。家は、人の多彩な文化的営みを包容する、生き死にの場です。そのような場を、介護のための合理性という単一の物差しで査定しようというのは、どだい無理な話ではないでしょうか。

古い家は、現代の私たちからすると間尺に合わないものばかりです。むつみ庵も、もっと合理的な造りにリノベーションをする余地はいくらでもあります。しかし、この家はこのままです。最新式の便利な介護用機器はありませんが、非合理であっても、多くの人にとって身になじんだ文化的生活の場としての家なのです。

ケース35

仏間と仏壇があることで入居者たちに起きた思わぬ効果

さて、むつみ庵における、そうした文化の最たるものは、仏間と仏壇だと思います。これらは、元の家を改修してグループホームとして活用する際に、そのまま残されたものです。古民家改修型のグループホームならではの特徴です。

仏間は、入居者の方々が日中すごすことの多い居間の隣にあります。ふすまで仕切ることができるようになっていますが、ふだんは開け放しています。この二間は、南側の縁側に面しているためとても明るく開放感があります。この家でもっともすごしやすい場所です。

ガラス戸を通して庭の木々がよく見えます。縁側にはよく日が当たるので、冬の日の午後になると、入居者の方々が自然とここへと集まってきます。

仏間の奥に、仏壇が安置されています。仏壇の横の床の間には名号（南無阿弥陀仏）軸が掛けられ、その脇にはこれまでにむつみ庵ですごし、亡くなられた方々の写真が置かれています。

仏間は日常の生活と地続きですが、食堂や居室のような世俗の場所ではありません。そこに据えられた仏壇は浄土という聖なる世界を象徴しています。ふだんの生活のなかに、聖なる空間が開いているといえるでしょう。

この仏間と仏壇が、入居者に思わぬよい効果を与えることがあります。

タガミさんは、はじめてむつみ庵にやって来たとき、居間に入り、続きになっている仏間を見て、「私ここに来たことあるわ」と言いました。

そのときたまたまお仏壇の扉が開かれていたのかどうか、私の記憶は曖昧なのですが、彼女がお仏壇の方向を見てから、振り返って私に言った場面は、はっきりと覚えています。来たことあるのよ、とタガミさんは懐かしそうに笑っていました。

畿内の信心の厚い地域では、家を新しく建てるとき、まずお仏壇を置く位置を決め、そこを中心に間取りの設計をしたそうです。広い続き間になっているのは、法事の時にたくさんの人が入れるようにするためでもあります。

むつみ庵では、入居中に亡くなられた方のご家族が、本人がここを家と思っていたからと希望され、ここで葬儀を執り行ったこともありました。仏壇があり、お寺との関係があったからこそ、できたことです。仏壇はいわば家の中心軸なのです。そういった伝統的な間取りに、タガミさんは既視感を感じたのでしょう。

仏壇が開いているのを見るとやって来てお参りする入居者はたまにいますが、タガミさんは特に信心深い人でした。

入所してしばらくすると、早朝に、ときどき彼女のお参りする姿が見られるようになりました。

起床時間よりも早い五時半から六時頃に、いつもギシギシと鳴る階段を音もなく下りてきて、タガミさんは仏間へと向かいます。お仏壇の前に来ると、まず立ったまま合掌礼拝します。そこから膝をついて腰を下ろすと、両手の掌を上に向けたまま耳のあたりで地面と水平になるようなかたちで保ち、額を畳につけます。仏足頂礼という仏への最敬礼、いわゆる五体投地です。これを三度繰り返し、タガミさんはまたそーっと二階の自室へ上がります。

おそらく目が覚めたときの調子によるのでしょう、毎朝下りてくるというわけではないようでした。下りて来ても、スタッフを見かけると、まだ早いかしらと言って二階へと戻ることもありました。気をつかっているのかもしれないと思い、私は声をかけないようにしました。タガミさんの朝のお参りは、週に二回ほどのペースで続いていたように思います。

認知症の症状が進んだためか、残念ながら、一年ほどでお参りは見られなくなってしまいました。タガミさんは、もう自分からお仏壇のまえで礼拝を行うことはありません。ただその後も、お勤めがあるときには、タガミさんは活き活きとして見えました。

この家の以前の主人の月命日には、お寺の住職や副住職が月参りに訪れ、お勤めをしてくれます。

念仏、礼拝のあと、チーン、チーンと磬《きん》が鳴り、三奉請《さんぶじょう》（仏様を迎え入れる偈文）が読誦されます。

タガミさんはスタッフに勧められると、いいの？　と遠慮がちですが嬉しそうに、読経する僧侶のすぐ後ろに行き、小さく正座をしていました。

深くうつむき、目を閉じて手を合わせ、うんうんと頷きながら熱心にお経を聞いています。ときどき、あの頂礼を、コンパクトなかたちで行うこともありました。

浄土真宗ではこうした礼拝の仕方はとりませんが、真宗の門徒だけが参拝しているわけではないので、その場にいる人の振る舞いも一様ではありません。

入居者の信仰はばらばらで、仏教の伝統宗派の方もいれば、新宗教の方もいます。手を合わせるという所作は、おおむね共通しています。九人いれば、七人ほどは自分から手を合わせます。それ以外の振る舞い方は、人によってさまざまです。

合掌してまんじりともしない人、ごしごしと手を擦って拝む人、きょろきょろと周りをうかがう人。なかには、聞こえてくる読経も気にせず、ふあー！　と声を上げる人もいます。途中でトイレに立つ人もいます。一人が動くと、もう一人が動く。するとスタッフも動く。慌ただしくなります。

前のほうではタガミさんが正座をして懇《ねんご》ろに手を合わせ、後ろのほうでは何人かが椅子に座り、その側で、誰かが誰かを介助している。そんな状態のなかで、勤行はつづきます。

そこでは、それぞれの振る舞い方の自由は保たれつつ、一箇所にむかって手を合わせるという身振りが、ゆるやかに共有されています。

ケース36

テレビに向かい手を合わせるタガミさん。なぜでしょうか

社会学者たちは、儀礼が、共同体のまとまりを強化することを指摘しています。むつみ庵の月参りの場合、入居者やスタッフといった家のメンバーがお勤めに加わることで、結束が強まっているのかどうか、よく分かりません。そこまで緊密な感じはないのです。ただ、やはり食事やレクリエーションといったその他の日常の活動とは違う雰囲気があるし、仏壇というひとつのところへ向かって共に手を合わせるという様式上の連帯が、確かにあります。

儀礼は様式的な共同行為です。そこには次のような特徴が認められます。

○まず、儀礼は特別な空間で行われます。あるいは、普段づかいの空間であっても、

儀礼が行われている時には日常とは別の場所になります。それは、実生活とは位相の異なる場、俗に対する聖の場です。（日常からの隔離）

○そうした実生活外の特別な場所では、個人のありのままの姿や振る舞いよりも、定められた役割や型にしたがった所作が優先されます。決められたことを、決められたように行うのです。（規則性）

○このように、儀礼の場は日常から隔離され、そこでは日常と違う約束事が守られます。それは自然のままではなく、人為的な設定であり、実生活とは異なる約束事です。（仮構性）

○また儀礼は、なにか実生活上の得になるものを産み出すわけではありません。お金が稼げたり、作品ができあがったりといった実利があるわけではないのです。（非生産性）

○それにもかかわらず、人は集まって儀礼を行います。約束事を、同じように、一緒になって行います。（共同性）

仮構された特別な空間において、規則にしたがい、損得抜きで、共に行うもの。それが儀礼です。

実は、ここに挙げた特徴のうち、「共同性」以外のものは、社会学者のロジェ・カイヨワが「遊び」の定義として数えたものです（ロジェ・カイヨワ『遊びと人間』講談社、一九九〇年）。

彼に先立って遊びを人間の根本と考えた歴史学者のヨハン・ホイジンガは、人間の遊びは祝祭や祭祀といった聖なる領域に属するものであり、「神聖な行為は遊びと同じ形式で行われる」と言っています（ヨハン・ホイジンガ『ホモ・ルーデンス』中央公論新社、一九七三年）。

儀礼と遊びとに共通するのは、世俗の実生活とは秩序が違うということです。

私たちは、いつも社会のなかで、賢愚や真偽、善悪というように物事をふたつに分けて評価します。しかし、儀礼や遊びでは、こういった俗世間の二分法が停止されます。機能性や効率性や有用性が問われることもありません。

世間の価値が空っぽになるのです。

宗教学者キャサリン・ベルによれば、儀礼は私たちに「より大きい秩序のなかで自分たちが占める位置を教える」ものだといいます（キャサリン・ベル『儀礼学概論』仏教出版、二〇一七年）。

人間基準の合理性が幅を利かせる俗世間の秩序から、人は一時的にその「より大きい秩序」に身を移します。そういった場所があることを感じ、そこの空気を吸って、リフレッシュすることができます。遊びは息抜きともいわれますが、吐いて吸うという息継ぎでもあるでしょう。そしてまた、俗世に潜ってがんばる。

儀礼の場は日常的な価値の空白地帯だからこそ、そこでばらばらの個々人が、ただ様式を共有することでつながることができるのだろうと思います。

グループホームに入居している方々は、年齢も、症状も、家族構成も、歩んできた人生も、人によってまったく違います。お勤めのときに、その状況を理解できている人もいれば、そうでない人もいる。

しかし、最後に磬が三回鳴らされてお勤めが終わるまでのあいだ、入居者もスタッフもいっしょになってお仏壇に向かい、読経を聞いて、手を合わせます。日常の価値をいったんストップして、ケアする人・される人という関係性も抜きにして、みな平等に、その場に身を置いています（どたばたする時も、もちろんありますが）。それは非合理だけど、大切な時間です。

そして、私たちが生きていくなかで、ひとつひとつ大切なものを失っていって、最後の身ひとつになったとき、残るのはこうした非合理な共同行為なのではないかという気がするのです。

そう思うのは、タガミさんのことがあるからです。早朝のお参りが見られなくなってからしばらくして、気づいたことがありました。タガミさんが、テレビを拝みはじめたのです。

なにかのアクティビティをしているときなど、テレビが点いていないときに行うことはないのですが、たとえば、食後のゆったりした時間、みなでテレビを見ているときのこと。画面に出てくるテロップを読んだり、映像についてコメントしたりして番組を楽しんでいるかと思うと、ふと想い出したようにテレビに向かって手を合わせ、なにか呟きながら、深々と頭を下げていました。何度か繰り返し、それをひととおり終えると、なんでもなかったかのように、また映像を見て「あらいやだ」など言っています。しかしテレビに向かって礼拝する態度は、真剣そのものでした。

スタッフは「テレビが仏壇に見え始めたんかな」と不思議がりました。私も、何かを拝む姿を無条件に尊いと思いつつ、拝む対象でないものを拝むという錯誤を、面白おかしく感じていました。

なぜテレビなのでしょうか。長いあいだ疑問だったのですが、いつのまにか見慣れてしまい、もともと信心深い人だからテレビが仏壇に見えることもあるのだろうと思って納得していました。それは当たり前の光景になっていました。

だいぶ後になってその話を住職にすると、即座にこう言われました。

「それは、みんながいっしょに見てるからですよね。共通の方向性ができるから」

確かにそのとおりでした。タガミさんがテレビを拝むのは、きまって他の方々もいっしょにそちらを注視しているときでした。

私は、テレビを拝むという行為を、「認知症の症状のせいでテレビを仏壇と見間違えている」というように、単に個人的な症状としての錯視を原因とするものと捉えていました。

しかし、おそらく正確には、タガミさんは「テレビが仏壇に見えたから拝んでいる」というわけではありません。「複数の人が集まって、同じように向いている先が礼拝の対象なのだから、そちらに礼拝する」ということなのです。錯誤であることに違いはないのかもしれませんが、様式的な共同行為を、正しく実践しているのです。

タガミさんは、ときどき「もうだめ」「死にたい」とネガティブな発言をすることもあります。しかし、スタッフが介助する時には、何度も「助かるわぁ」「ありがたいわぁ」「嬉しくてねぇ」などと繰り返し、手を合わせています。そういうふうに認知症による変化にとまどい、喪失感を感じながらも、ささやかな出来事に感謝できるのは、繰り返し繰り返し、ひとつのところに手を合わせ頭を垂れてきた彼女の生き方によるところが大きいのではないかと思います。

日ごろ反復して身に染みついた行為と態度は、認知症になってもたやすく消えはしないようです。

こうした宗教儀礼の効果は、認知症高齢者を対象とした研究でも示されています。儀礼の経験についての記憶は認知症の発症後も保持されやすく、患者に安心感をもたらすと考えられています（Roff L L, Parker M W. Spirituality and Alzheimer's Disease Care. Alzheimer's Care Quarterly 2003; 4(4):267-270）。また、認知症患者におけるスピリチュアルなニーズは、音楽、詩、シンボルを使うことで長期的な記憶をもたらすことができ、特にアルツハイマー病の初期段階では、宗教行事に参加することが、より良い生活の質（QOL）の自己申告につながることが分かっています（Giannouli V, Giannoulis K. Gazing at Medusa: Alzheimer's dementia through the lenses of spirituality and religion. Health Psychol Res. 2020 May 27; 8(1):8833）。

非合理なものは、ばかにできません。いまの私たちの理解の枠にうまく収まらず、意味づけができないとしても、そういったものが私たちにとって本質的に重要であるということがあるはずです。私たち自身が、本来、非合理な存在なのですから。

ケース37

認知症を持つ方も本堂に入ると思わず手を合わせるのです

むつみ庵は、お寺と檀家とが中心になって設立されました。お寺の持つ資源を活用しながら運営が行われている点が、このホームの大きな特徴になっています。お寺の建築様式や儀礼が持つ身体的な宗教性に注目してみましょう。

むつみ庵には毎月の月参りにお寺からお勤めに来ていただいているのですが、逆にむつみ庵のほうからお寺の法要に足を運ぶこともあります。コロナ下ではそのお参りも自粛していましたが、もう少ししたらまた出向くことができるのではないかと思います。

これは、まだコロナが感染拡大する以前のお話です。

お寺で報恩講法要がありました。報恩講は、宗祖親鸞聖人を偲ぶもので、浄土真宗では最も大切にしている年中法会です。その際に、入居者の方々がお寺にお参りしたときのこと。

本堂に入るなり、タガミさんがうわぁと小さく声を上げました。タガミさんはアルツハイマー病が進み、歩く、食べるといった基本的な身体動作は保たれてはいるものの、認知障害はより顕著になっていました。

言葉の意味記憶が大部分失われていて、トイレの声かけをしても、「トイレ」という言葉が何を指しているのか理解できませんでした。ただ、「そうそう」と言ってにこにこしているだけでした。自発的な発話はありましたが、定型的なフレーズ（ありがたい、うれしい、はじめて、知らない、など）の組み合わせがほとんどでした。また実際にトイレに入っても、そこがなにをする場所なのかが分からない。目の前の物に、目的や機能を結びあわせることが難しいようでした。

そんなタガミさんも、本堂に入ると、そこがどういう場所なのかが一目で分かります。嘆声を漏らし、「ありがたいわぁ」と言って手を合わせ始めました。

彼女にとって、お寺はなじみ深い場所だったのでしょう。寺院の本堂は、宗派によって細かい部分の違いはありますが、基本的な構造は共通しています。

内陣と外陣に分かれ、内陣に須弥壇があり、厨子があり、なかに本尊が納められています。そのような空間に一歩足を踏み入れて、やはり感じるものがあったにちがいありません。

ただし、どういう場所なのかが一目で分かるといっても、タガミさんは、そこがお寺であるとか、お参りする場所だとかいうことを「理解」はしていませんでした。

「お参りに来れてよかったですね！」と私が声をかけると、「そうなの？」と怪訝そうな顔で返事をします。「お寺にね」と言っても、「そうかしら、そうね」と、すました顔でまた前を向きます。話を切り上げようとしています。たいていの場合、これは理解できていない時の反応です。

「いやあ、嬉しいですねぇ」と私は懲りずに、隣で呟きました。すると今度は「そうなの、嬉しくってねぇ。ありがたいわぁ」とこちらを向いて満面の笑みを見せます。そしてその場で立ったまま、本尊の方向に手を合わせ、何度も頭を下げていました。

タガミさんは、この場所を「お寺」や「お参り」という言葉と結びつけて理解してはいません。にもかかわらず、彼女の動作と感情は、すっかりお参りの態勢に入っています。すごいことだと思います。場所についての概念的な理解を通さずに、身体はお参りモードになっているのです。

生態心理学者のギブソンは、特定の行為と結びついた環境的意味をアフォーダンスと呼びました。たとえばソファーとパイプの丸椅子は、どちらも同じ座るものですが、座り方はまるで違います。ソファーには、どっかりと腰をおろしてクッションにもたれ、くつろいだ状態で座ることができます。足を床から離し、あぐらを組むこともできます。このとき、ソファーはそのような座り方をアフォードしている、と言います。他方でパイプの丸椅子は、足を床につけて背を伸ばす、ピンとした姿勢の座り方をアフォードします。私たちはふだん意識しませんが、行為を誘発するこうした環境的意味に支えられているのです（佐々木正人『アフォーダンス』岩波書店、二〇一五年）。

これにならえば、本堂内部の様式は、タガミさんにとってお参りモードの動作と感情をアフォードしているといえるでしょう。

日常の居住空間には、その場所なりの楽しみや平穏があります。しかし、厳かに飾られ日常とは隔てられた、それでいて親しみやすい宗教的空間で、他の参拝者とともに身を置き、その環境的意味を身体で感じることが、本人の生きる力になるのだと思います。

法要が始まると、タガミさんは配られたお経本を見ながら、読経に合わせて前後に揺れるように頷いていていました。私といっしょに見守っていたスタッフが、私の耳元で、

「連れてきてよかったなぁ」と言いました。私も本当にそうだと思いました。

タガミさんの様子をうかがうと、上下逆さまに持ったお経本にじっと目を落としていました。

ケース38

歌ったり合誦することで認知症でも生きる喜びが取り戻せる

法要の際、タガミさんの持っているお経本は上下が逆さまになっていました。彼女は言葉の理解が困難で、漢字の上下も分かりません。

法要が終わりお寺を出るとき、タガミさんは「よかったわぁ！」と言い、晴れ晴れとした顔をしていました。ホームに戻り、スタッフどうしで話をしていて、私が「タガミさん、本が逆さになってましたね」と言うと、いっしょに付き添っていた西さんが「でもあの人、歌ってたで？」と言いました。

タガミさんから少し離れて横から見守っていた西さんには、彼女が聖教の読誦に合わせて大きく口を動かしているのが見えたというのです。

タガミさんは歌が好きで、ホームでもレクリエーションでよく歌っています。しかし、真宗門徒ではなく、聖教を読んだ経験もないはずでした。なぜ一緒に唱和できたのでしょうか。

これはタガミさんが「乗っていたから」なのだろうと思います。

聖教に乗ったというのは、そぐわない表現かもしれませんが、事実、彼女は前後に身体を揺らし、唱和する声に入り込み、自らも声を出していました。その言葉は、きっと正確なものではなかったでしょう。しかし、それでもある程度合わせることはできたはずです。

お勤めの声明には、定まったリズムや抑揚があり、繰り返しのパターンがあります。同調しやすい構成になっているのです。経典や聖教の読誦には、それを知らない人も共振させる力があります。これが複雑なメロディの歌や逆に韻律のない散文だったら、タガミさんの声と身体は反応できなかっただろうと思います。

言葉は意味を持つとともに、声として発せられ、また歌われもします。リズムやメロディーをつけて声を出すこと、誰かといっしょに声を合わせること。それは言葉の発生と同じくらいずっと昔から、人類が続けてきたことです。声や音のつらなりは、生身に響き、他者と共振する場をつくります。それが認知症高齢者にとって特に重要な意味を持つのです。

また別の日、入居者のシガさん（女性・八十二歳）がお寺にお参りに来たときのこと。恩徳讃という和讃を皆さんで一緒に唱和し出したところ、それに合わせてシガさんがきれいな声で歌ったことがありました。

シガさんは、ほとんど喋らない方でした。相手の言葉をオウム返しにして答えることで意思表示はある程度できましたし、こちらの話の内容も理解していると思われました。しかし、たまにボソッと一言呟く以外では、自分からの発話はまったくといっていいほどありませんでした。

ただこのシガさん、歌は歌えるのです。しかも驚くほどの美声で。童謡や往年の歌謡曲をかけると、そのきれいな声でよく歌っていました。歌うときのシガさんは、うっとりとした表情で、時に感極まって涙を流すほどでした。

しかし、ご家族によれば、シガさんは一度も家では歌ったことがなかったといいます。

家族の方々は、彼女が音楽好きということさえ知りませんでした。「鼻歌を歌ってるところくらいしか見たことない」と。なぜ家で歌うことがなかったのか、それは分かりません。しかし、歌わない主婦生活の数十年を経て、なおシガさんは音楽への感受性や澄んだ声で歌う音楽的な能力を保っていました。

シガさんは嫁いでから宗旨が変わりましたが、もともとは真宗門徒の家で育った方です。法座でよく唱和される恩徳讃はそのころに覚えたのでしょう。感受性や能力だけでなく、歌自体の記憶も失われにくいようです。

相手の言葉かけを理解できない、自発的な発話がない、話しても意味が通らないなど、認知症高齢者は言語コミュニケーションに困難を抱えていることが多くあります。しかしそうした方々が、音楽がかかると見事に歌詞のとおりに歌い上げる、というのはケアの現場ではしばしば起こることです。

原因疾患にもよりますが、認知症になるとまず短期記憶が障害され、次いで言葉の意味（意味記憶）やかつての自分の経験についての記憶（エピソード記憶）も失われていきます。ただ、認知症が進んでも、比較的保たれやすい記憶もあります。それは、習慣や反復練習によって獲得された運動や知覚の記憶で、手続き記憶と呼ばれます。いわゆる「身体が覚えている」というタイプの記憶です。歌のような音楽活動にはこの手続き記憶が深くかかわっています。

また歌には、他の多様な記憶も結びついています。歌うことは全体的・統合的な経験だからです。楽譜や歌詞を読む。意味を理解する。周りの音を聞き、唇や口腔、喉の筋肉を調整する。呼吸を感じ、発された自分の声を聞く。情景をイメージする。喜びや悲しみの感情が催されることもあるでしょう。テンポを合わせ、リズムを刻み、抑揚をつける。つぎのフレーズを予測する。手拍子を取ることもあります。

脳神経科医であるオリバー・サックスの『音楽嗜好症　脳神経科医と音楽に憑かれた人々』（早川書房、二〇一四年）では、シガさんと同じような人たちの事例が数多く紹介されています。高次脳機能障害やアルツハイマー病などによって日常生活を送ることが難しくなった音楽家たちが、歌や楽器の演奏については以前と変わらず行うことができるのです。

認知・運動機能を総動員して繰り返し歌い演奏した音楽の記憶は、神経細胞の広く深く緻密なネットワークとして私たちに根づき、一部が欠けても失われないのではないかと考えられます。それは頭のなかだけの記憶ではなく、身体化された記憶です。シガさんが恩徳讃を歌ったのも、ふつうの記憶とは異なるそうした音楽の記憶が再生されたものだと考えられます。

相手の言葉を理解できず、自分の思いを伝えられない認知症高齢者は、世界から取り残されたような気持ちになることが多くあります。ケアの視点から見ると、歌や経典・聖教の合誦は、そうした認知症を持つ方々に、「まだ言葉を生きることができる」という実感を与えます。ひいては、孤立感を解消し、自己効力感を感じさせる効果があります。

歌うときのシガさんの恍惚の表情や、お勤めのあとのタガミさんの晴れ晴れとした顔は、声を出す喜び、声を合わせる喜びのしるしだったのだと思います。

ケース39

入居者も頼れるお寺の人的ネットワークという資源

前章（ケース26）で「警察呼ぶよ！」と言ったオオツキさん（女性・七十七歳）の事例を紹介しました。あのケースでは、老夫婦が通りかかったのは偶然だったのですが、彼らがケアに参加するいわば下地のようなものがありました。

すれちがえば会釈をするという小さい集落の土地柄に加えて、ご夫婦はお寺の檀家で、法要で私と顔を合わせたこともあり、またホームについてもお寺がやっている介護施設として認知していたということです。ご夫婦は日常的にホームとやりとりをしていたわけではなく、細く薄い関係ではあるのですが、お寺を介してなんらかのつながりがあったことの意義は大きいと思います。

お寺と檀家との関係は、そうした潜在的な人的資源と捉えることもできるのではないでしょうか。

近年、物的資本や人的資本とは異なる資本概念として「ソーシャル・キャピタル（社会関係資本）」が注目されています。政治学者のロバート・パットナムの定義では、ソーシャル・キャピタルとは「個人間のつながり、すなわち社会的ネットワーク、およびそこから生じる互酬性と信頼の規範」であるとされます（ロバート・パットナム著、柴内康文訳『孤独なボウリング―米国コミュニティの崩壊と再生』柏書房、二〇〇六年）。

簡単にいえば、「おたがいさま」とか「信頼できる」と感じられる人と人とのつながりのことです。

都会のマンションのように隣の家に誰が住んでいるのかさえ分からないという地域よりも、向こう三軒両隣をある程度知っているという地域のほうが、情報が行き交いやすく、困ったときでも孤立しにくくヘルプが出しやすい。また災害など、いざという時には協力もしやすくなります。そうしたつながりは、「おたがいさま」の助け合いや、他人への信頼感を生みます。

お寺は地域の中に数百年存在していて、その地域の人的ネットワークのハブとなっています。それでお寺をソーシャル・キャピタルの観点から見るという研究も多く出てきています。

オオツキさんと通りすがりの老夫婦のケースについても、お寺のソーシャル・キャピタルの効果が表れた事例といえるかもしれません。人的資源という点では、むつみ庵のスタッフはほとんどがお寺の檀家やそのつながりで勤めていますから、むつみ庵の運営もお寺のネットワークなしには成り立ちません。

お寺のネットワークを介護に活かしたケースとして、こういうこともありました。

男性入居者のコジマさん、日中の多くの時間を自室で過ごしています。部屋では、囲碁の解説書を読みながら一人で棋譜並べをしていることが多いです。コジマさんは囲碁・将棋が好きで、先日はチェスの本を読んでいるところも見かけました。

しかし、相手がいません。スタッフと対戦することもあるのですが、入居者の介助や他の業務があり、一対一のつきっきりで数十分、碁盤に向かえる機会はそれほど多くありません。コジマさんにしても初心者相手では張り合いがないでしょう。ですのでコジマさんは食堂に置かれたテレビにプレイステーションを繋いで、囲碁や将棋ゲームをやっています。

誰か強い相手がいればコジマさんも楽しめるのだけれど……。ということでお寺に相談。村のなかで強いと評判のおじさんが適任ではということになり、お寺から声をかけ、ボランティアで週一回ほど囲碁を指しに来てもらうことになりました。コジマさんも相手ができて喜んでいました。こういう人的ネットワークを活用できるかどうかで、ケアの豊かさはかなり違ってくると思います。

ただ、うまくいったかに思えたコジマさんの囲碁ですが、問題もありました。彼は認知症になってからでも市の囲碁大会で三位入賞するほどの実力者で、しかも容赦というものを知りません。村の名人もコジマさんには歯がたたず、数カ月負け続けて、しまいには来なくなってしまいました……。

ケース40

認知症の方の問題行動の理由が分かるには長い時間がかかる

正確に計測された時間のなかでタスクに追われる現代人にとって「今すぐ」ということには、それだけで価値があります。社会のなかでは、合理性や効率性が求められます。時間をかけずに、手短に、できれば今すぐに、目的を達成すること。速ければ速いほどいい。

でも認知症ケアの現場では、そうした効率性や速さよりも、気長に待つことのほうが大切です。ケアの現場は、認知症を持つ方々にとって生活の場であり、コミュニケーションの場だからです。ホームでは、介助をしている時間よりも待っている時間のほうが、圧倒的に長いです。

たとえば、食べるのにとても時間のかかる方がいます。その方は、食卓に着き箸を持つと、食べ物の盛られた椀ではなく、その下のお盆をまず箸でつつきます。「ここに肉じゃが、ありますよ」と声をかけても、箸はお盆の隅のあたりをうろうろ。ようやくおかずに向かっても、スカッ……スカッ……と弱々しげに箸は空を切ります。もどかしい……。なんとか人参を取りました。口へと運べそうです。よしっと思った瞬間、ポロッと落とし、やりなおし。一口食べるのに、一分二分とかかることもあります。

服を脱ぐのも、着るのも、歯を磨くのも、万事この調子です。こちらとしては、じれったいし歯がゆい。食事も着替えも排泄も、ひとつひとつの動きをすべてやってあげれば簡単だし効率的なのだけれど、それは作業であってケアではありません。

認知症の方の訳の分からない行動・心理症状であっても、しばらくご本人と付き合って、その人の生活歴や性格が知られるにつれて、あ、この行動にはこういう意味があったのでは、と理解できることがあります。でもそれは一朝一夕には起こりません。長い付き合いと丁寧な観察が必要なのです。

ケアにあたって、私たちは待たねばなりません。利用者さんのひとつひとつの動きを待ちます。彼らの振る舞いを即断せず、長い目で見て、理由を探ります。

ですが、これはとても難しいことです。

だからこそ、お寺や僧侶が、社会のなかにあって社会とは異なる価値観や時間感覚を体現することは、大きな意義を持つはずだと思います。

以前、こういうことがありました。ある利用者さんへのケア方針の食い違いをきっかけにして、スタッフ間の人間関係までちょっとギクシャクしていました。職場の雰囲気も悪くなり、ひいては利用者さんへのケアにも悪影響を及ぼすかもしれない。私は代表理事の住職に相談をしました。ひととおり経緯を伝えて、どうしましょうとうかがった後の住職の言葉は、

「うーん、様子を見ましょう」

というものでした。私は内心で住職がスタッフ間の関係に介入してくれることを期待していたのでちょっと拍子抜けしたのですが、このように説明してくれました。

「あのね、お寺でもやっぱり人間関係いろいろで。この人とあの人が折り合いが悪いとか。でも、その人たちの子どもどうし、あるいは孫どうしは仲がいいってこと、けっこ

うよくあるんですよ。それに時間が経つといざこざの問題自体が解消したりすることもあります。ほら、お寺って今だけのものじゃないでしょ。数十年、数百年続くものだから。私はむつみ庵も、それくらいのスパンで見てます」

聞いたとき、これは「お寺時間」だと思いました。今の問題、今の人間関係を、より長いスパンで眺める。途方もなく大きなもののなかに置き直す。実際、むつみ庵でのスタッフ間のぎくしゃくは、その利用者さんの退所後、自然になくなりました。

社会のなかでの時間の枠組みに対して、宗教は人知を超えた時間の尺度を持っているといえます。兆載永劫の行とか、五十六億七千万年後とか。そのような法外な時間尺度をもつ宗教的ナラティブをベースにして、お寺は地域に数百年単位で存在しています。むつみ庵の雰囲気は非常にゆったりとしていますが、それにはこうしたお寺の時間感覚が一役買っているに違いないと、私は思っています。

ケース41

寺院も僧侶も檀信徒も一体となって地域のサポーターになる

ここ十年ほど、医療・福祉の分野では「地域」への視線が熱いです。少子高齢化という日本全体の構造変化に対応するため、地域のなかでのネットワーク型支援を整備することが急務となったからです。

二〇一一年からは、各市町村において「地域包括ケアシステム」を構築することが義務化されました。これは、高齢者が住み慣れた地域で生活できるようサポートする仕組みのことです。今後、認知症高齢者が増加するため、認知症ケアにとっても地域は大きなテーマです。

地域包括ケアシステムのポイントは、「地域」において、「多様な人材やセクションが連携」し、一体的なケアの提供を行うことにあります。

一口に「地域」といっても、人口や高齢化率、交通の便の良し悪し、社会資源の多寡といった特性は異なっています。そうした千差万別の地域事情に応じた最適状態（ローカル・オプティマム）を実現できるよう、地域のニーズを掘り起こし、地域の資源を活用していく必要があります。

そのために多様な人材やセクションが連携する必要があります。ひとつには、多職種協働です。行政か民間か、営利か非営利かを問わず、医療・介護・生活支援といったサービスにかかわる専門職が、情報を共有し、連携して支援を必要としている人（要支援者）に働きかけます。もうひとつは、住民どうしの助け合い（互助）のネットワークです。要支援者のニーズや課題は、それぞれの生活背景や環境によって実に多様ですから、専門職によるかかわりだけでは不十分なことがあります。その隙間を埋め、時には専門職以上に効果的なかかわりをすることが、地域コミュニティの人々にはできます。

それではこの地域包括ケアシステムにおいて、お寺や僧侶はどのようなかかわり方ができるでしょうか。

東京都健康長寿医療センター研究所の岡村毅医師は「寺院は不安なときに行けて辛苦を分かち合える場。介護の最先端にあると言える」と言い、地域包括ケアシステムにお寺を組み入れることを提唱しています（文化時報、二〇二一年一月一日号）。ですが、現状では僧侶を含めて宗教者が地域包括ケアにかかわっている例は極めて少ないといえます。

地域包括ケアシステムの幹にあたるものとして、地域の課題の発見やネットワーク構築、支援者のサポートなどを目的として開催される地域ケア会議があります。各地のケア会議の設置要綱を読むと、そのメンバーは、行政職員、医療・介護の専門職、ボランティアや自治会の代表者、民生委員や児童委員などのほか、「その他必要と認める者」と記されています。今のところ、一般的にお寺や僧侶はこの「必要と認められる者」とは見なされていないということになるでしょう。

しかし、僧侶は地域に根ざして活動する専門職として、一定の役割を果たしえるはずだと思います。

ここでは、①スピリチュアルな支援、②地域ネットワーク、③宗教儀礼の三つを、僧侶・寺院が持つ強み（資源）として挙げます。

①スピリチュアルな支援

住み慣れた地域で生活を続けていくならば、最期を迎える場所もやはり自宅ということになるでしょう。在宅死の割合は大都市部において高い傾向にありますが、それはアクセスしやすい範囲に在宅看取りの支援体制が整えられているからです。在宅医療の看取り体制が充実していけば、今後在宅死の割合はまだまだ増加していくと考えられます。そうなると、地域において老い、病み、死にゆく人の解決できない苦をベッドサイドで受けとめ、スピリチュアルな支援を行う専門職の必要性は今後高まるのではないでしょうか。さらに家族や支援者といったケアする人へのケアも求められます。僧侶による、いわゆるスピリチュアルペインへの支援については、近年ビハーラ僧や臨床宗教師の活動によって認知されつつあります。

②地域ネットワーク

檀家・門徒のつながりは、草の根型のケアを行うための潜在的な互助のネットワークだと言えます。先に紹介した、囲碁好きのコジマさんの相手をお寺を通して見つけた事例は、寺院が持つネットワークをケアに活用できたささやかな実例です。こうしたマッチングがうまくいくケースはそう多くはないかもしれませんが、寺院の持つネットワークは支援の提供だけでなく、要支援者やニーズの発見にも役立ちます。寺院と檀家・門徒は、世代をまたいでの長い付き合いが多いです。お寺の住職などはそれぞれの家庭の事情も知っています。月参りの伝統の残る地域では家の中に入りますので、特にそうでしょう。宗教活動を通して家庭の問題に気づいたときに、必要に応じて専門機関を紹介したり、専門職につなげることができれば、僧侶もソーシャルワーカーとしての役目を果たすことができます。

③宗教儀礼

若い時に家を離れて都市に出て、そのまま老齢までお手次寺（菩提寺）を持たなかった世帯は多くいます。彼らが配偶者の死をきっかけとして、あるいは自分の死を意識して、寺院と縁を持とうとするケースを見聞きします。私の知り合いに在宅支援を行うケアマネの僧侶がいますが、女性利用者宅を訪問した際、私の友人が僧侶であることを知った彼女は、ご主人の一周忌法要を彼に頼んだそうです。ケアマネとしてかかわっているため、その時は他のお寺を紹介するという対応をしたようですが、こうした宗教的ニーズはおそらく多くの高齢者世帯が持っているでしょう。通夜や葬式、年忌法要などの死者儀礼が簡素化・短縮される昨今ですが、故人を偲ぶ儀礼は人間にとって必ず必要なものです。そのニーズに応えることができるのは、宗教的職能者だけです。また、日常的な儀礼が認知症高齢者に善い影響を与えるということも、本章において見てきたとおりです。

今後、地域包括ケアにおいて僧侶に最も期待されるのは、①ではないでしょうか。とはいえスピリチュアルなケアには訓練や経験も必要ですから、すべての僧侶がすぐに取り組めるものではないでしょう。一方で、②と③は、多くの寺院が長く担ってきた役割です。その専門性の足場を固め、他の専門職と協働して、まずは事例を蓄積していくことが必要だと思います。

第6章

「家に帰る」という命の終わり方

ケース42

認知症になられても命の終え方には人それぞれの人生がある

グループホームは、そこで暮らす人にとって、終《つい》の棲家になることもあります。むつみ庵でもこれまでに十一人の方が入居中に亡くなられました。入院先で息を引き取った方もいますし、むつみ庵で最期まで看取りをさせていただいた方もいます。認知症になってからの生き方も老い方も人によって違いますが、今生を終えていく仕方も、その人その人でさまざまでした。

前に紹介したハセさん（ケース22）は、自分の最期が近いとは、どうも思っておられないようでした。

入院先から戻ってきて仏間に置かれたベッドで横になっているハセさんと、私は介助の合間によく話をしました。彼女の生い立ち、十六か十七歳で地元を出て大阪にやって来てからの仕事、同郷だったご主人との出会い、結婚、子育て、そして老後。その中で、私は彼女に尋ねました。「ご飯が、食べられないようになったらどうしますか？」

うーん、と考えてハセさんは答えました。「そうね、そういう時がきたら、仕方ないわね」

さらっと言います。彼女の声や表情からは、「そういう時」を間近に感じている様子はないように思われました。早く元気にならんとね、とハセさんは言っていました。しかし、その時点での食事量は毎回スプーンで十口にも満たないほどで、細った身体には回復の兆しも見えなかったのです。

また別の日、お家のご宗旨の話になりました。大阪の家では、お寺との付き合いはほとんどなかったそうです。ただ、「実家はお東さん（真宗大谷派）だった」ということで、私は「そうでしたか。ここにもね、ほら、阿弥陀さんがいらっしゃるんですよ。よかったらご一緒にお念仏させてもらいましょうか」と提案しました。ハセさんは快く応じてくれて、一緒に手を合わせて南無阿弥陀仏をお称えしました。私は終末期にある方と共にお念仏ができたことを素直に喜んだのですが、ハセさんのほうはというと……全然そんなことはなさそうでした。「はい、ありがとね」と言っただけで、「私どうしてここにいるんかな」と別の話になります。私は、介護施設の僧侶として宗教的ケアをした気になっている自分の一人よがり具合を突きつけられたような気がしました。

こんなふうに、ハセさんの末期の様子は、彼女のそれまでとさほど変わらず、淡々としたものでした。

それからしばらくたった日曜の夜、ハセさんは亡くなりました。スタッフがベッドの上で排泄の介助をした時には、ハセさんは目覚めていて「ありがとね」と言ったそうです。しかし、一時間ほどしてから見に行くと、呼吸が乱れていました。次第に息が弱く、短くなっていきましたが、ハセさんは定まらない意識で「がんばらな、がんばらな」とつぶやきます。見守っていたスタッフが彼女の身体を撫でながら「ハセさん、あんたな、十分がんばったんやでぇ、大丈夫や」と言うと、ハセさんは「あ、あかん」と言ってスッと息を引き取ったそうです。

看取ったスタッフからこの話を聞いて、何だかハセさんらしい、と私は思いました。

終末期の人は、呼吸のリズムが不規則になり、口や肩を動かしてあえぐように息をするようになります。そういう状態で、介護者ができることはわずかです。口を湿らせ、楽な姿勢をとらせ、身体を擦る。耳は最後まで聞こえているといわれるので、ご本人が不安を感じることがないよう、声をかけ続けます。

私自身も、シガさん（ケース38）を看取った時、声をかけ続けました。

シガさんは歌うことが大好きな、朗らかな女性でした。彼女はほとんど喋れなくなった後でも、お寺にお参りに行った際、恩徳讃という和讃を大きく澄んだ声で歌っていました。

お気に入りの曲はいくつもありました。「リンゴの唄」「荒城の月」「朧月夜」「浜辺の歌」――曲が流れるとすぐにシガさんは歌い出すのですが、歌によって昔のことが思い出されるのでしょう、歌いながら涙を流すことがよくありました。

スタッフのなかでは「歌って悲しくなるのであれば、歌わないほうがいいのではないか」という意見もありましたが、昔を懐かしんで流す涙は必ずしも悲しみの涙ではありません。私はそのように思って、シガさんの様子を見ながらではありますが、ときどき彼女といっしょに歌っていました。

シガさんは初夏に高熱を出してから食が極端に減り、積極的な治療を施すこともできず、かかりつけ医の指導と訪問看護のサポートで看取りの体制に入りました。

まったく食べられなくなってから二週間ほどたって、私の夜勤の明け方、シガさんの呼吸に明らかな変調がありました。

シガさんは一点を見つめて、口を開け締めして息をしていました。私はクッションを彼女の脚に挟んだり、顔を扇いで風を送ったり（呼吸が楽になるといわれています）、口元を濡らしたりしながら、「苦しくないか」「ここにいるから」「大丈夫」など声をかけ続けました。かけられる言葉は、こういうものしかありません。

部屋の壁には、お孫さんの写真が貼り付けられた紙のメダルが掛かっていて、私はそれをシガさんの目の前に差し出して、「ほら、○○君も、ね。見えますか」と言いました。そうすると、シガさんの目が少し動きました。

「ここにいる」「大丈夫」、それだけでも知ってほしい。一人で死んでいくとは、決して思わせたくない。誰か知らないが聞き慣れた声が側にいる、せめてそういうふうに感じていてほしい。

命の終え方はさまざまでも、看取る側の願いはひとつではないでしょうか。苦しまず、不安を感じることなく、安らかでいてほしいということ。頑張ってきたじゃないか、もう大丈夫だ、安心していいんだ。

釈尊は言います。「一切の生きとし生けるものは、幸福であれ、安穏であれ、安楽であれ」（中村元訳『ブッダの言葉　スッタニパータ』岩波書店、一九八四年）。

私には、一切の生きとし生けるものの幸福を願うことはできません。残念ながら、私の想像力には限界があります。ただ私はシガさんの最期の幸福を願いました。目の前の一人の安らぎを願って、声をかけ続けました。

手を握りながら、彼女の好きだった「浜辺の歌」を歌いました。シガさんの目は、また少し動きました。

あした浜辺を　さまよえば　昔のことぞ　しのばるる
風の音よ　雲のさまよ　寄する波も　貝の色も
（林古渓「浜辺の歌」）

ケース43

認知症の方々とともにむつみ庵で行った入居者の通夜と葬儀

介護施設に入居している人が亡くなった場合、斎場や自宅で葬儀を行うことが一般的ですが、近年では施設内で葬儀が行えるところも増えています。むつみ庵でも、これまでにホーム内での通夜や葬儀を行ったことがあります。その中の、ひとつのケースをご紹介したいと思います。

シロキさん（男性・九十歳）は、背が高く、歳の割に歩く姿勢はしゃんとしていました。職人気質で几帳面、穏やかな性格の方でした。日常での起居動作はほぼ自立していましたが、喫煙習慣からの慢性閉塞性肺疾患や胸部の大動脈瘤など、身体のなかには大きなリスクを抱えていました。

　ある日、起床したシロキさんの様子がおかしいことにスタッフが気づきました。足元がおぼつかず、立っていられません。すぐに受診して入院となりました。ただ幸いにもそれほど深刻な状態ではなく、一週間ほどの入院ですみそうだ、ということをその日のうちにご家族から聞くことができました。

　ああ、よかった、と私たちスタッフは胸をなでおろし、シロキさんの退院後の生活の用意をすることにしました。シロキさんは二階の居室で寝起きしていましたが、退院直後には階段の昇り降りが負担になります。一階の空いているスペースに布団をおき、そこでしばらく寝起きしてもらおうか。食事の内容にも工夫が必要かもしれない。そういったことを考えていたのです。

　だから、シロキさんが亡くなったという知らせは、まさに寝耳に水のことでした。ご家族が看護師に聞いた話では、昼食をとった後、シロキさんは小さく唸って倒れ込み、そのまま息を引き取ったそうです。大動脈瘤の破裂でした。

　ご遺体は、翌日ホームに帰ってくることになりました。その日、私がホームに着くと、勤務日でないほかのスタッフも次々とやって来ました。誰も多くは語りません。ぼんやりとした表情のまま、お互いに目を合わせて、「まさかねぇ」「ほんとに」と呟きます。あまりに急なことで、誰もがシロキさんの死を受けとめきれないようでした。皆シロキさんが帰ってくるとばかり思っていたのです。

シロキさんの大動脈瘤の大きさは相当なもので、「いつ破裂してもおかしくない」と、ホームのかかりつけ医には言われていました。血圧の薬は飲んでいたものの、根本的な治療をしていない以上、破裂の危険は常にあります。私たちも、「いつかくるかもしれない」とは思っていたのです。でも、その「いつか」は、やはり突然のことでした。

死はこちらの気持ちにおかまいなく迫ってきて、否応なしに無情な現実を突きつけます。大きな変化に、人は途方に暮れるしかありません。そうしたカオス的な現実に対してなんらかの定まった形を与えることが、葬送儀礼の役割のひとつでもあります。

出産や成人、結婚など、人生の大きな変化を迎える時に行われる通過儀礼は、「ここから先はこれまでとは別のステージですよ」ということを心に落とし込むための節目の意味合いを持ちます。葬送儀礼も、生から死への移りゆきに際して行われる通過儀礼です。葬送儀礼においては、亡くなった人の死が共同体の中でオフィシャルに確認されま

むつみ庵で行われた入居者の臨終勤行時の様子

す。そうすることによって、人は形だけでもまずは現実を受け止めることになるのです。

ホームに到着したシロキさんのご遺体は、縁側から家の中へと入り、仏間のお仏壇の前に安置されました。ご家族とスタッフが揃い、臨終勤行（枕経）が執り行われました。

日を改めての葬儀では、私も脇導師として勤行に加わりました。グループホームのなかで入居者さんたちも一緒に参加しての葬儀だから、完全に厳粛にというわけにもいきません。じっと手を合わせている方もいれば、「あぁー」と大きな声を上げる方もいました。お棺の中のシロキさんに花を手向ける時には、タガミさんがなぜか機嫌を損ねて、お棺の縁を掴んだまま離そうとしませんでした。

不測の出来事もありましたが、一番大事なことは、その場に共に居るということでしょう。亡くなったシロキさんと、ご家族と、入居者さんたちと、スタッフとが、共に居合わせ、時間と場所と行為を同じくする。そのようにして私たちは、シロキさんの死を共有します。

葬儀の後、スタッフたちは口々に「ここでお葬式してもらえてよかった」と話していました。個々人の思いはさまざまでしょう。きっと、まだ飲み込めないところもあるはずです。でも、一応の区切りをつけることはできました。皆どこかさっぱりとした顔をしていました。

ケース44

「家に帰る」という思いはわが子の名を忘れても失われません

認知症高齢者が暮らすグループホームでは、夕方になるとそわそわとし始める方がいます。入居して間もない方に多いのですが、数年暮らしている方も「帰ります」と言い出すことがあります。

この時も、オオシマさんがおもむろに立ち上がって、「どうも、お世話になりました」と頭を下げ、出口を探し始めました。

赤い夕焼けの景色には、「家に帰る」という気持ちを催させる不思議な力があるようです。介護業界には「夕暮れ症候群」とか「黄昏症候群」という俗称があるくらいです。

認知症になった方が自宅で暮らしていても、夕方になると「帰りますね」と自分の家を出て行こうとして家族を驚かせる、という話もよく聞きます。

こうした帰宅願望は、記憶障害や見当識障害を主因とする周辺症状です。疾患によって引き起こされる「異常」な状態ではありません。でも、たとえ家についての認識が誤っていたとしても、「家に帰りたい」という欲求は、とても自然なものです。

夜、私たちは無防備に身をさらして眠ります。そのためには、なんの不安もなく休らうことのできる場所が必要です。スタッフは、ホームを安心できる場所と思ってもらえるようなケアを行い、環境を整えます。そうすることで、帰宅願望が軽減することはあります。しかし、完全に自分の家だと思ってもらうことは難しい。

ありがとうございました、と言うオオシマさんに、お家はどちらでしたっけと尋ねてみると、「フチザキ」と言います。住んでいた集落の名前のようです。「チョウエイドウの真向かい」と詳しく家の場所を教えてくれます。その家は、もう今はありません。ですが、オオシマさんの頭には、家やその周辺のイメージが今もありありと浮かんでいるのでしょう。

帰宅願望を訴える方々の多くは、結婚して持った家庭や、幼少期に過ごした場所を家として考えています。結婚後の家は、親として、妻や夫として、必要とされていた場所であり、幼少期の家は、子どもという無力の存在のままに受け入れられた場所です。どちらも、自分の到着を待ち、迎え入れてくれる人がいる、なじみ深い休息の場所でしょう。

多くの生物が持つ帰巣能力は、人間には備わっていません。しかし、なじみある場所へ戻ろうとする欲求は、生きることの最も深いところに根を張っているのではないでしょうか。認知症になって現在の自分の状況を見失っても、服の着方が分からなくなっても、子の名前を忘れてさえ、「家に帰る」という思いは失われないのです。

それは、私たちの生き死ににについても同じではないでしょうか。

死は不可解です。簡単には受け入れられない。だからこそ、あの世のイメージが必要とされる。

日本においては、浄土信仰の広まりとともに、人が死後に往きて生まれる仏国土が西方と結び付けられ、お彼岸の日想観に見られるように、沈んでいく夕日が死と重ね合わされてきました。

私たちにとって避けることのできない、不可解な死は、そこへ行きつく場所、私を迎え入れてくれる休息の場所と考えられるようになりました。

『阿弥陀経』に「倶会一処《くえいっしょ》」とあるように、そこは同じ信心をいただいた人たちが「倶に一処に会する」ことのできる場所でもあります。

私を待ち、迎え入れてくれる人がいる。彼らとともに会うことのできる場所、それが「私の家」になります。そのような命の行き着く場所を持っているならば、老い、病み、死んでいくに際して、どれほど心強いでしょうか。

スマートフォンで調べると、オオシマさんの言っていた「チョウエイドウ」は今も残る老舗の和菓子屋でした。伝えると、オオシマさんは、そうそう！ と嬉しそうにして、商工会の会合のときに饅頭をよく届けてもらったと話してくれます。そこから、彼女がかつてしていた事務仕事のことなどを聞いているうちに、外はすっかり暗くなります。

「もう晩ごはんできてますけど、いっしょにどうですか？」と尋ねると、「悪いねぇ」とすまなそうに答えます。

夕食のあともオオシマさんの帰宅願望は止みません。しかし、今日は帰れないけれどと断りつつ、私がフチザキ周辺のことを聞いていると、オオシマさんは少し落ち着きます。帰る場所についてのイメージを、誰かと共有することで、安心できるようです。

その場所を思い、他者と分かちあうことで、私たちはいずれそこへ行き着くことを確認することができます。だからこそ「今ここ」を生きることができる。赤い夕焼けの景色は、そのように共有されるイメージとして、私たちを温めます。

ケース45

看取った入居者の人生を介護者たちが語り合うことの大切さ

ヨシコさんは九十三歳で亡くなりました。

一年以上前から衰弱し、この夏は越せるか、この冬は越せるか、と気を揉むような状態が続いていましたが、老衰の自然なプロセスのため入院はせず、むつみ庵でケアを続け、最期も看取りました。

その日の午後、知らせの電話を受けてむつみ庵に行くと、ヨシコさんの遺体は仏壇の前に安置され、その前にホーム長と数人のスタッフが揃っていました。ヨシコさんはお昼すぎに息を引き取ったそうです。ホーム長が、前日からの様子を教えてくれました。

「昨日から、もう、調子は悪かってんけどな、この人のことやから、こう、山あり谷ありやから、って思てたけども、昨日ほんまに夜、ずっともう飲まへんかってん」

ホーム長は、前日の夕方からこの日の朝まで、夜勤に入っていました。

「だから痰とって、口湿らせて。おしっこも、もうほんまにやっと朝方に。飲んでへんからな。今朝は看護師さんにちゃんとお願いしてたから、すっきりしたと思う。その後も、なんか飲まそとしてたんやけど、結局、もう飲まなかった」

「最後の夜がホーム長の時でよかったと思います」と私は言いました。

ヨシコさんは、むつみ庵が設立されてすぐに入居された方で、長い入居生活のなかで皆から愛された方でした。自分のことを「姉《ねえ》ちゃんって呼んで」と言い、私たちも親しみを込めてそう呼んでいました。ホーム長は、特に付き合いが長い分、やはり特別な思いがあったように思います。

「うん、ちゃんとお話もしましたから。昨日、ほんま目ぇ何回も開けんねんか。ぴちゃーって。なんか言いたかったんちゃう？　なぁ、姉ちゃん、ずっとお話してたもんな、昨日の夜は。ここになぁ、こうしてたほうがみんないてるし、なぁ」

ホーム長は、ヨシコさんの冷たいおでこをそっと撫で、話しかけます。

私がむつみ庵に勤め始めたとき、まず驚いたのは、ホーム長やスタッフが、寝たきりで意思疎通ができるとは思われない重度の認知症の方にも、他の方に対するのと同じように語りかけていることでした。会話するように、自然に。そのような語りかけの仕方は、亡くなった方に対しても変わりません。

スタッフの一人が話します。

「電話来て、すぐここ来て、頬触ったらまだ温かかって、姉ちゃんありがとうねって。買い物行っても、姉ちゃんこれ食べれるかなって……」

「まだ食べれるって思てたのになぁ。あんた、この人持って来たってたんやで。まだ置いてるやろ、冷蔵庫のなかにも」

むつみ庵の冷蔵庫のなかには、ほとんど物を食べられなくなったヨシコさんに何か食べさせてあげたいと、スタッフたちが持ち込んだアイスクリームやらプリンやらが並んでいました。

「私もあんた、ハーゲンダッツ買うて家の冷蔵庫のなかに入れてあんねん。ひとつずつ持って来たろ思て。やっぱバニラが一番好きやったな。な、姉ちゃん。昨日や、バニラ入れたったんや、口に。その前のときは食べたんやで。そやけどその時はもう、そんなに」

別室で葬儀会社のスタッフと打ち合わせをしていたご家族が、仏間に入ってきました。家族といっても、ヨシコさんには子どもも兄弟もいません。親戚の男性が後見をしてくれていましたが、男性の死後、その娘さんたちがキーパーソンとなっていました。

ご家族は、遺影をどれにしようかと迷っていました。二枚の写真があります。一枚には、お気に入りだった緑色の服を着てエプロンをしているヨシコさんが写っています。もう一枚のほうは、よそ行き用の白色のワンピース姿でした。

「この服、よう着てたやろ」

「そっちのほうはちょっと、キュッてした顔やな。血圧測らせてくれへん時の顔（笑）」

「こう見ると、鼻なんか、あんたらのお父さんとおんなじ鼻やな、この鼻」

「えー、全然ちゃうよ。うちのお父さんの鼻はもっとボゴンやったし」

「ようそんなこと言うわ（笑）」

ご家族を交えて、ああでもないこうでもないと談笑しながら選んだのは、お気に入りの服を着たヨシコさんの写真でした。

「姉ちゃん、これでええか？」ホーム長が写真をヨシコさんの顔の前にかざしながら声をかけます。

「なあ、よう言うてたやろ。『姉ちゃんあんたのこと好っきやで〜』いうて」

「好っきやで〜」のところで他のスタッフも声を合わせ、笑います。ヨシコさんの口癖でした。

「私も言うといたった。『私あんたのこと好っきやで〜、姉ちゃんのこと。ありがとうね〜』って言うといたんや、ちゃんと。お礼言うといたよ」

その後も、入れ代わり立ち代わりでスタッフが出入りし、仏様の見守るなかで、皆がヨシコさんについて語り、またヨシコさんに語りかけていました。

死者について語らい、死者と語らう。これもまた、儀礼とは別のかたちでの大切な弔いの営みです。それは遺された人々が故人についての記憶を共有し、死という現実を受容するために必要なものなのです。

ヨシコさんは、二つの家で暮らしました。人生の大半を実家で、晩年の一時期をむつみ庵で。実家のほうは、そこに住み、家を守る人がいなくなってしまいましたが、むつみ庵には姉ちゃんを知っている人がたくさんいます。ここで生活し、亡くなっていった方々の写真が、仏間のお仏壇の横に置かれています。過去帳とか、位牌みたいなものですね。姉ちゃんの写真も、そこに入りました。

家は老病死が繰り返される場であり、死者の記憶は地層のように家の中に積もっていきます。ホーム長は、姉ちゃんや、今はむつみ庵にいない他の方々のことを、今でもよく話しています。

私たちは、ただ介護を提供するだけではありません。住む人を見守り、看取り、見送り、いなくなった後も、その記憶を顧みるのです。

ケアは、終わりません。

あとがきとして

グループホームに入居する方たちは、皆さん認知症をお持ちです。私たちケアスタッフは認知症になってからの彼らしか知りません。でも、個人個人の数十年に及ぶライフヒストリーは、それぞれにとって特別なものです。それに付き添って歩んできた家族の目には、やはりケアスタッフが見るのとは異なる本人の姿が映っているでしょう。

おわりに、むつみ庵の入居者ではありませんが、ある人のライフヒストリーを紹介させていただきたいと思います。

ヒトシさん（男性・七十五歳）は鹿児島の小さな離島に生まれ、そこで育ちました。十七歳、受験に失敗した彼に、父親は「大学は諦めて働け」と言いました。揉めに揉めた末、父親を殴り倒して出奔。働きながら独学で大学を目指しました。

大学では学生運動に明け暮れ、その後は生まれ育った島に戻りました。学生運動で知り合った妻とのあいだに三人の子を授かり、印刷会社で下積みをした後、二十七歳で独立して会社を興しました。元来が他人におもねるということができない、独立不羈《ふき》の人です。商売に向いているタイプではなかったようです。しかし、三十年がむしゃらに働いて、会社を維持しました。背負っていた借金もきっちり完済しました。

末の子が進学で島を離れると、しばらくして会社をたたみました。一時は十人近くいた従業員も減り、最後の方は一人親方で細々と経営していたのです。その後は趣味の畑と読書、晴耕雨読の生活が維持できるくらいに仕事をして過ごしました。その間、六十代のころに心筋梗塞を起こしました。若い頃からのタバコがたたったのです。

七十代になってささやかな小説を書くようになりました。はじめに掌編をいくつか仕上げて一冊を編み、自費の電子書籍にしたあと、今度は大物にとりかかり始めました。歴史小説です。図書館で資料を集め、博物館を回り、史跡をめぐって調査もしました。そうして、長編のまずは上巻を電子書籍で出すことができました。

ヒトシさんに二度目の異変が起きたのは、その下巻にあたる部分を少しずつ書き連ねているときでした。後の医師の説明によると、「心臓のほうの詰まりが脳にピュッと行ってしまった」とのことでした。

ヒトシさんは、朝起きて、頭がぐらぐらすることに気づきます。

「何かおかしい。寝ていよう」

と、もう一度横になりますが、次第に事の重大さに気づきました。「危ない、救急車」と思ったときには、もう立ち上がることもままなりません。近くにあったタンスに手をかけて踏ん張ろうとしましたが、足腰が立たずタンスもろとも倒れ込みます。テレビや棚も同じようにひっくり返しました。なすすべなく寝転んでいたとき、運良くガスメーターの検針員の方が自宅を訪問しました。ヒトシさんは玄関から這い出て、言葉にならない声で助けを求めました。

市民病院に運ばれ、一命は取り留めましたが、発症からすでに四時間以上が経過しており、脳には大きなダメージが残りました。

左半身麻痺、左半側空間無視、失語症、短期記憶障害……。

入院は二週間と見込まれ、投薬による脳梗塞の治療とリハビリがすぐに始まりました。しかし、ヒトシさんは五日目にはもう退院となりました。どうも、病棟で暴れたらしいのです。もともと怒りっぽくはないものの、一旦火がつくと手がつけられなくなるタイプではありました。脳梗塞によってそれに拍車がかかったようです。家に帰ると、病院にはもう行かない、ここで死ぬまで暮らすと言って涙を流しました。それまでのヒトシさんからすると考えられないことでした。

ヒトシさんは、私の父です。

発症は春先のことでした。以来、私は様子を見るために何度か帰省しています。会うたびに回復したところもありますが、元のとおりには戻っていません。父は、高次脳機能障害とも血管性認知症ともいえる状態です。父がこうなってから、私は認知症のある人の家族の気持ちを初めて味わっています。

誰にでもその人自身の人生があり、歩んできた足跡があります。その足跡は、他の誰かと重なったり、離れたりします。重なりが最も濃くなるのが家族という関係でしょう。

個人の歩みが変われば、重なり合いが描く模様も変化します。

父は悲観しながらも挑戦し、近くに暮らす家族は心配しつつ励まし、私はもどかしい思いで遠くから見守るしかない。

連載の書籍化のお話をいただいたのは、ちょうどそういう時期でした。私は父や母、姉たちのことを思いながら本書をまとめました。気負いもあって、連載時の時系列を入れ替えて大幅に加筆もすることになりました。

興山舎書籍部の長谷川葉月さんには、そうした私の勢い込んだ文章を的確に整理いただき、緻密な編集をしていただきました。どのような本ができるのか具体的なイメージを持つことができたのは、長谷川さんのおかげです。書籍化の打ち合わせの際には興山舎社主・矢澤澄道さんから「一緒にいい本を作りましょう」という言葉をいただき、励みとなりました。また、矢澤さんにはこの本の素敵なタイトルや各ケースのタイトルも頂戴しています。お二人をはじめ、毎月の連載を担当してくださっている和田博文さんほか、興山舎『月刊住職』編集部の皆さまに、厚くお礼申し上げます。

各ケースでのモデルとなったむつみ庵の入居者の皆様、ご家族様、ホーム長の谷口さんと管理者の南さんにも、いつも大変お世話になっており、この場を借りて深く感謝申し上げます。

本書の元になった『月刊住職』での連載は、釈徹宗先生からのご紹介がきっかけでした。今回ご多忙のなか、冒頭の「発刊に寄せて」も書いていただきました。ありがとうございます。先生にお世話になったことは書ききれないほどあります。介護や研究を続けられていることも、仏道を歩ませてもらっていることも、すべてそうです。

そういうふうに数えきれないほど、返しきれないくらいの、たくさんのものを私は一緒に足跡を重ねた方々からいただいています。

最後に、私の足跡と最も濃い重なりを懲りずに描いてくれている妻に。ありがとうございます。

二〇二三年八月

日髙　明

著者紹介
日高 明 *Hidaka Akira*

1982（昭和57）年、鹿児島県生まれ。京都大学大学院文学研究科博士後期課程単位取得退学。2008（平成20）年よりNPO法人リライフむつみ庵にて介護業務に従事する。社会福祉士、ケアマネジャー。15年、浄土真宗本願寺派にて得度。NPOそーね代表。相愛大学ほか大学や専門学校で非常勤講師として「哲学概論」「仏教と社会福祉」「生命倫理」などの科目を担当。

初出誌
本書は『月刊住職』（興山舎刊）の2019年7月号から2023年7月号までの連載をもとに再編集・再構成したものです。

排泄も徘徊も大丈夫！ お坊さんケアマネの実話
認知症を幸せにする ケース45

2023年9月7日　第1刷発行

著者ⓒ　日高 明
発行者　矢澤 澄道
発行所　株式会社 興山舎
〒105-0012 東京都港区芝大門1-3-6
電話 03-5402-6601
振替 00190-7-77136
http://www.kohzansha.com/

印刷
製本　株式会社 上野印刷所

ISBN978-4-910408-35-4　C0036
定価はカバーに表示してあります。
落丁・乱丁本はお手数ですが、小社宛にお送りください。
送料小社負担にてお取り替えいたします。

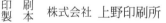